Lisa Lüdders, Hajo Zeeb

Methoden der empirischen Forschung

Ein Handbuch für Studium und Berufspraxis

1. Auflage 2020

Projektmanagement und Lektorat: Bettina Gnaß, Elisabeth Drimmel, Alexandra Pusch
Umschlaggestaltung, Layout und Satz: Ilka Lange, Hückelhoven
Korrektorat: Ruven Karr, Saarbrücken
Printed in Germany

Bibliografische Information der Deutschen Nationalbibliothek
Die Deutsche Nationalbibliothek verzeichnet diese Publikation in der Deutschen Nationalbibliografie. Detaillierte bibliografische Daten sind abrufbar unter: htpp://dnb.d-nb.de

Werden Personenbezeichnungen aus Gründen der besseren Lesbarkeit nur in der männlichen oder weiblichen Form verwendet, so schließt dies das jeweils andere Geschlecht mit ein.

Die Position der Kapitelzusammenfassungen und der Aufgaben zur Selbstüberprüfung richten sich nach der Länge des jeweiligen Kapitels. Bei vergleichsweise kurzen Unterkapiteln wird daher auf beide Elemente verzichtet.

ISBN: 978-3-943001-55-6

http://www.apollon-hochschulverlag.de

Lisa Lüdders, Hajo Zeeb

Methoden der empirischen Forschung

Ein Handbuch für Studium und Berufspraxis

METHODENBUCH

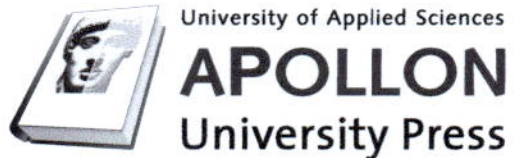

Inhalt

Einleitung

Für ein wissenschaftliches Studium und die praxisnahe Anwendung ist es unerlässlich, sich mit empirischen Methoden auseinanderzusetzen. Sie stellen die Basis dar, um sich vom intuitiven Alltagswissen zu lösen und auf systematische Methoden zurückzugreifen.

Vielleicht haben Sie sich schon einmal gefragt, wie Wissenschaftler zu Erkenntnissen gelangen. Wie legt ein Forscher fest, was er wie untersuchen möchte? Wie muss er vorgehen, um verlässliche Daten zu sammeln und diese auszuwerten? Dabei ist es vollkommen unerheblich, ob Sie an einen Online-Fragebogen, ein Telefoninterview oder eine Beobachtungssituation denken. Jede Methode besitzt einen allgemein geteilten Erwartungshorizont an Forscher, ein Regelwerk für die Planung und Durchführung von Studien sowie eine breite Auswahl an Auswertungsverfahren. Definitionen und Kriterien nehmen eine zentrale Rolle ein. Die Fachbegriffe der empirischen Forschung müssen verstanden werden, um die Methoden adäquat einsetzen und zu einem Wissenszuwachs in der Wissenschaft beitragen zu können.

Grundlegendes Ziel dieses Handbuchs ist es daher, Sie in die Welt der methodischen Fachbegriffe und Definitionen einzuführen, ohne sich in der Tiefe der Methoden zu verlieren. Sie werden nach der Lektüre in der Lage sein, publizierte Studien anhand ihres Forschungsvorgehens einzuschätzen und dabei eine orientierende Bewertung hinsichtlich der Güte der Studien durchzuführen. Doch bei den Fachbegriffen und deren Verständnis soll es nicht bleiben. Empirische Forschungsmethoden sind dafür gemacht, selbst forschend aktiv zu werden. Wir möchten Sie deshalb explizit auffordern, die Verfahren auszuprobieren und sich bei der Bearbeitung Schritt für Schritt selbst zu einer Forscherin oder einem Forscher zu entwickeln. Die Schulung des Forschergeists steht im Vordergrund, d. h. neben dem Verständnis werden Sie Folgendes erkennen:

- wie Sie wissenschaftliche Fragestellungen formulieren und in Hypothesen testen können
- welches Studiendesign für welche Art der Fragestellung besonders gut geeignet ist

- wie Studienteilnehmer für eine Teilnahme rekrutiert und motiviert werden können
- wie Daten erhoben und aufbereitet werden
- welche Schlüsse anhand von Methoden gezogen werden können

Jeder Forschungsprozess verlangt von Ihnen, Entscheidungen zu treffen. Oft sind es sogar sehr viele Entscheidungen. Eine Reflexion des eigenen methodischen Vorgehens und somit eine Diskussion der Einschränkungen der Methodik sind dabei zwingend notwendig. Die Anwendung einer bestimmten empirischen Methode beruht auf Voraussetzungen und bringt Grenzen mit sich. Es geht also auch darum, dass Sie Folgendes tun:

- Ihre eigene Forschermeinung anhand des methodischen Regelwerks argumentativ begründen
- entscheiden, welche Methoden für Sie sinnvoll und wie diese umzusetzen sind
- Ihre eigenen Forschungen transparent und nachvollziehbar gestalten und wissenschaftlich kommunizieren

Dieses Handbuch wird Sie an viele neue Begriffe heranführen. Es setzt kein Vorwissen voraus und soll Sie neugierig auf die empirische Forschung machen. Weiterführende Grundlagen und Techniken finden Sie dann in den zahlreichen und umfassenden Lehrbüchern der quantitativen und qualitativen Forschungsmethoden. Wir wünschen Ihnen nun viel Freude beim Aneignen und eigenen Ausprobieren der Methoden.

Lisa Lüdders und Hajo Zeeb

1 Zielsetzungen empirischer Forschung

Wenn Sie dieses Kapitel bearbeitet haben, können Sie erklären, warum es sinnvoll ist, auf empirische Studien zurückzugreifen. Sie können den Forschungsprozess quantitativer und qualitativer Fragestellungen erläutern. Außerdem können Sie einschätzen, wann eine qualitative oder quantitative Herangehensweise geeignet ist. Sie sind in der Lage, wissenschaftliche Hypothesen plausibel in statistische Hypothesen abzuleiten und erste Dilemmata der empirischen Forschungsgrundlagen zu reflektieren.

Empirische Forschung verfolgt das Ziel, zu Erkenntnissen bzw. Erfahrungen zu gelangen, die im Rahmen der wissenschaftlichen Gemeinschaft kommuniziert werden sollen. Das Gewinnen dieser Erkenntnisse muss jedoch bestimmte zentrale Voraussetzungen haben, um den Namen „empirisch" zu verdienen. Im Folgenden werden wir uns daher mit den Definitionen empirischer Forschung auseinandersetzen, um die Zielsetzungen besser einschätzen zu können.

1.1 Ein Plädoyer für empirische Studien

Lassen Sie uns mit einem Beispiel beginnen, das Sie so oder so ähnlich vielleicht aus Ihrem eigenen Leben kennen.

PRAXISBEISPIEL 1.1:

Stellen Sie sich vor, dass Sie eine Zeitschrift aufschlagen, in der ein kurzer Test zur Bestimmung Ihres Entspannungstyps enthalten ist. Darin sollen Sie zehn Fragen beantworten und können danach Ihr persönliches Ergebnis in einem kleinen Aussagetext nachlesen. Sie unterhalten sich kurz mit einer Freundin über den Test und sie sagt zu Ihnen: „Das habe ich doch schon immer gesagt, dass du dich gut entspannen kannst."

Handelt es sich hierbei um ein empirisches Forschungsergebnis? Sie haben Fragen beantwortet und Sie haben eine Testentscheidung vorliegen, die dies zunächst einmal vermuten lässt. Auch sind Sie zu einer Erkenntnis über sich gelangt, die Ihre

Freundin schon länger hatte. Trotzdem handelt es sich nicht um ein empirisches Forschungsergebnis. „Empirisch" bedeutet, Erfahrungswissen zu generieren und aus dieser Erfahrung eine Erkenntnis abzuleiten. Jedoch reicht es nicht aus, dieses Wissen aus intuitiven Tests oder auf Grundlage von Personen aus dem eigenen Bekanntenkreis abzuleiten. Wären Sie nicht viel sicherer, wenn Sie einen anerkannten wissenschaftlichen Persönlichkeitstest durchlaufen hätten und eine unabhängige Person das Testergebnis ermittelt und Ihnen rückgemeldet hätte? Wären Sie nicht überzeugter, wenn Sie einen Vergleich Ihrer Person zu anderen Personen, die Ihnen in anderen Merkmalen ähnlich sind (z. B. Alter und Geschlecht), hätten?

Empirisch bedeutet, auf Basis einer Erfahrung zu einer Erkenntnis zu gelangen. Entscheidend ist hierbei ein festes Regelwerk, das die Erfahrung und den Erkenntnisprozess für die Forschenden kontrolliert.

Ein entscheidender Zusatz zum Begriff „empirisch" ist daher der Begriff „Forschung".

Forschung meint eine systematische Sammlung von Wissen durch die Anwendung von Methoden, die als wissenschaftlich charakterisiert werden.

Wissen wird als die Sammlung von Daten verstanden, die aufbereitet und geeignet ausgewertet werden muss. Damit sich Daten „eignen", ist es wichtig, dass sie in Hinsicht auf eine relevante Fragestellung (ein Forschungsproblem) erhoben wurden.

Zurück zum obigen Praxisbeispiel 1.1: Die Einschätzung Ihres Entspannungstyps fällt eher nicht unter den Begriff „Forschung" im Kontext der Sozialwissenschaften, da keine allgemeingültige, relevante Aussage für die Gesellschaft oder auch nur für eine ausgewählte Untergruppe von Personen daraus abzuleiten ist. Weiterhin wäre ein angemessenes Untersuchungsdesign auszuwählen, um die Fragestellung bestmöglich erfassen zu können. Ein Test in einer Zeitschrift, der zudem zu Hause ausgefüllt (und auch einfach manipuliert) werden kann, erfüllt dieses Kriterium nicht. Auch die Untersuchung der Fragestellung an einer passenden Gruppe von Personen ist entscheidend, um keine falschen Schlüsse aus dem Ergebnis zu ziehen. Können Sie sich sicher sein, dass alle Personen, die sich gut entspannen können, ähnliche Antworten geben und sich am Ende des Tests immer in derselben Kategorie befinden? Vermutlich lautet auch hier die Antwort wieder: „Nein“. Die Einschätzung ist nicht nur unzuverlässig, weil es sich vermutlich um nicht zielführend formulierte Fragen und Antworten handelt, sondern auch, weil sie stark von Ihrer persönlichen Tagesstimmung abhängig ist. Die Auswertung Ihrer Antworten sollte sachgerecht erfolgen, d. h. bestimmte Zahlenwerte für jede Antwort sollten vorab theoriebezogen festgelegt und jede Frage konsistent von Personen beantwortet werden können. Konsistent meint an dieser Stelle, dass Fragen in solchen Zeitschriftentests manchmal verneint, manchmal bejaht werden und sich somit kein durchgängiger Entspannungstyp bei einer Person zeigt.

All diese genannten Aspekte, die bei dem Entspannungstypentest fehlen, stellen die Grundlagen empirischer Forschung dar und müssen von Forschern stets bedacht werden. Insbesondere grenzt sich die Forschung damit vom intuitiven Alltagswissen ab. Nun könnte man argumentieren, dass es sich auch um einen guten Test handeln könnte, der von einer seriösen Forschungsinstitution an Sie versandt wurde und den Sie zu Hause ausfüllen sollen. In diesem Fall gelten bestimmte methodische Kriterien, die von der Fragebogenkonstruktion bis zur Auswertung wissenschaftlich kontrolliert werden. Lassen Sie uns zunächst aber nochmals differenzieren, was wissenschaftliches Wissen überhaupt charakterisiert.

ÜBUNG 1.1:

Nehmen Sie sich ein leeres Blatt und einen Stift zur Hand. Falten Sie das Blatt in zwei Hälften. Notieren Sie auf der linken Seite Stichwörter, die Sie mit Alltagswissen verbinden. Schreiben Sie anschließend auf die rechte Seite Stichwörter, die Ihrer Meinung nach das wissenschaftliche Wissen charakterisieren.

TIPP

Sollten Ihnen auf Anhieb keine Begriffe einfallen, dann fokussieren Sie sich auf den Begriff „Alltag“. Was assoziieren Sie damit? Was macht Alltag für Sie aus? Denken Sie an alltägliche Situationen in Ihrem Leben. In welcher dieser Situationen würden Sie sich als „Forscher“ begreifen? Was macht diese „Forschung“ dann aus?
Oder denken Sie an folgende Situation: Sie wollen wissenschaftlich der Frage nachgehen, ob Zufriedenheit im Studium sich positiv auf Studienleistungen auswirkt. Eine Bekannte sagt Ihnen: „Das brauchst du doch gar nicht erst zu untersuchen. Natürlich gibt es einen Zusammenhang zwischen Zufriedenheit und Noten. Das ist gesunder Menschenverstand.“

Subjektive Erfahrungen und Einschätzungen, die auf Intuitionen oder Traditionen beruhen, keine kontrollierten wissenschaftlichen Methoden einsetzen, sich stetig verändern und von „Forscher“ zu „Forscher“[1] unterschiedlich sind, können nicht als empirische Forschung bezeichnet werden. Empirische Forschungsmethoden einzusetzen, zeugt also von der Beherrschung eines Handwerks, einer Sprache und einer bestmöglichen Sicherung der Aussagekraft von Daten und Ergebnissen. Nur durch diese Art der echten Forschung und der Loslösung von der Alltagsforschung gelingt es, alte Erkenntnisse zu bekräftigen und zu neuen Erkenntnissen beizutragen.

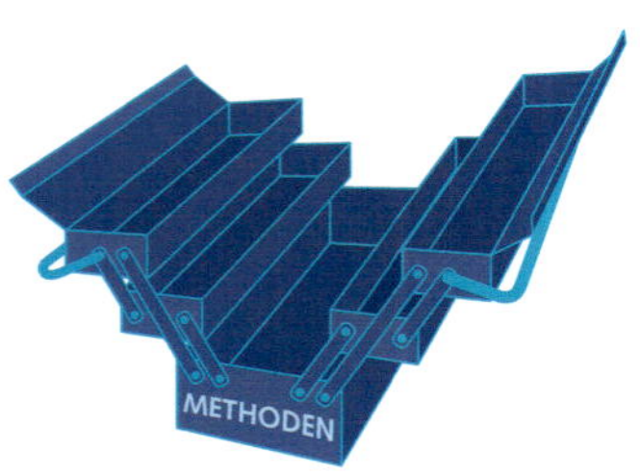

1.2 Stufen des Forschungsprozesses

Ein empirischer **Forschungsprozess** unterliegt fest definierten Stufen, um zum endgültigen Ziel zu gelangen. Dabei sind die Stufen nicht unbedingt gleichgewichtig: Sie stehen nicht in gleich großen Entfernungen zueinander oder sind alle von identischer Bedeutung für das Gesamtziel, den Forschungsprozess qualitativ hochwertig umzusetzen. Einige dieser Stufen sind sehr eindeutig für den Forscher. Andere können dagegen in der Hektik der Forschung schnell übersehen werden, sodass der Forscher sich stets daran erinnern muss. Abbildung 1.1 benennt die Stufen, mit denen wir uns weiter beschäftigen werden, in wenigen Begriffen.

1 Die Anführungszeichen sollen kennzeichnen, dass der Begriff „Forscher“ an dieser Stelle fehl am Platz ist.

Abb. 1.1: Stufen des Forschungsprozesses

Der in Abb. 1.1 dargestellte Forschungsprozess lässt einen linearen Ablauf vermuten. Das würde bedeuten: Sobald eine Stufe erreicht ist, führt kein Weg und kein Blick des Forschers mehr zurück.

Es ist jedoch nicht unüblich, dass sich insbesondere bei den ersten Schritten neue Erkenntnisse ergeben, die dazu führen, dass die Konstruktion der Datenerfassung oder sogar die theoretische Vorarbeit des Forschers nochmals überdacht werden müssen. Bestimmte empirische Forschungsmethoden setzen auch noch bei den Stufen 7 und 8 neu an und gehen bewusst wieder auf Stufe 1 zurück. Diese Ausrichtung der Forschung wird qualitative Forschung genannt und wir werden diese noch genauer beleuchten.

Stufe 1

Betrachten wir nun den Forschungsprozess Schritt für Schritt und beginnen mit der **Theorieexploration** in der Literatur. Eine bestimmte Frage wird Sie antreiben, die Sie gerne untersuchen möchten. Dies kann eine Frage sein, die momentan in den Medien diskutiert wird, es kann aber auch eine Frage sein, auf die Sie im Rahmen Ihres Studiums gestoßen sind oder die Sie in Ihrem praktischen Handeln im Beruf bewegt. Wie Sie diese Frage finden, ist zunächst völlig irrelevant. Wichtig ist jedoch, dass es eine Frage ist, die von gesellschaftlicher Relevanz ist oder für die sich ein klares wissenschaftliches Erkenntnisinteresse beschreiben lässt. Die Frage sollte somit nicht ausschließlich für Sie wichtig und Antworten auf die Frage nur für Sie von Interesse sein. Sie müssen implizit unterstellen können, dass auch andere Personen an Ihren Ergebnissen interessiert sein werden. Nur dann kann eine Forschung auch ihren Zweck erfüllen.

Umgekehrt bedeutet das aber nicht, dass Sie niemals einer Frage nachgehen dürfen, die sich bisher noch niemand gestellt hat. Alle großen wissenschaftlichen Erkenntnisse unserer Geschichte sind durch Forscherinnen und Forscher erarbeitet worden, die Neues gewagt haben und Bekanntes infrage gestellt haben. Denken Sie nur an Newton, Einstein oder Hawking.

Wenn Sie in groben Zügen eine Idee oder eine Frage gefunden haben, explorieren Sie das bisherige Wissen zu dieser Frage. Dazu nutzen Forscher die veröffentlichten Quellen und steigen tief in die Literaturrecherche ein, um sich einen guten Überblick zu verschaffen. Um sich von nicht wissenschaftlichen Veröffentlichungen (z. B. der Suchmaschine Google) zu lösen, verwenden Forscher gesicherte Quellen und führen ihre Recherchen in thematischen Datenbanken durch (z. B. PubMed). Die Theorieexploration bzw. die Sichtung der empirischen Studien zur betreffenden Frage ist wichtig, um feststellen zu können, wie die Frage bisher wissenschaftlich untersucht wurde, welche Aspekte dabei fehlerhaft waren, wo noch Forschungslücken bestehen und wie das Thema wissenschaftlich diskutiert wird.

Durch die systematische Literaturrecherche werden Sie zu neuen Erkenntnissen gelangen, die eine wichtige Rolle bei der Einschätzung Ihrer Frage spielen und die Sie dazu führen wird, die Frage zu einer relevanten **Forschungsfrage** zu entwickeln. Dabei reflektieren Sie, welchen Nutzen die Frage erfüllen soll sowie welche

Wege Sie gegangen sind, um die Frage zu präzisieren und auf Forschungsinteressen zuzuschneiden.

Für die weitere Arbeit mit Ihrer Forschungsfrage sind verschiedene Präzisierungen erforderlich. Eine davon stellt die **Hypothesenformulierung** dar. Wissenschaftliche Forschungsfragen in empirisch prüfbare Hypothesen zu überführen, ist eine Grundvoraussetzung, um später das Studienergebnis auf die Forschungsfrage zurückführen zu können.

HINWEIS:
Sie werden Stufe 1 in den Kapiteln 1.4 und 1.5 detaillierter durchlaufen.
Die Präzision in der Hypothesenformulierung werden Sie beispielhaft bei der Darstellung der quantitativen Forschung in Kapitel 5 betrachten.

Stufe 2

Wenn Sie die Stufe 1 erreicht haben, sind Sie bereits mit neuen Herausforderungen konfrontiert. Die **Methodenauswahl** steht vor Ihnen. Diese hängt stark mit der von Ihnen formulierten Forschungsfrage und den gebildeten Hypothesen zusammen.

- Meinen Sie, dass Sie Ihre Frage nur im persönlichen Kontakt durch ein mündliches Interview gut beantworten können?
- Denken Sie, es ist wichtig, viele Personen zu einem Zeitpunkt zu befragen (z. B. mit einem Fragebogen)?
- Könnte eine Beobachtung sinnvoll sein, um Verhaltensweisen von Personen besser einschätzen zu können?
- Möchten Sie ein Experiment durchführen und nutzen hierfür ein Labor oder sehr kontrollierte Bedingungen, um Tests durchzuführen?
- Glauben Sie, dass eine Diskussion mehrerer Personen zu Ihrer Frage relevant ist?
- Oder denken Sie, dass mehrere Methoden zum Einsatz kommen sollten?

Die Literatur wird Ihnen Hinweise zur Beantwortung dieser Fragen zur Methodenauswahl liefern. Sie werden dort erkennen, welche Methoden sinnvoll sind bzw. ausprobiert werden sollten. Argumentativ können Sie begründen, warum Sie sich für eine Methode entscheiden. Dabei ist die Ausrichtung Ihrer Methode zu bedenken. Die Grundfragen, die bei Stufe 2 beantwortet werden müssen, sind:

- Handelt es sich bei Ihren Hypothesen eher um **ideografische Hypothesen** (auf den Einzelfall bezogen) oder um allgemeingültige Hypothesen, die eine Untersuchung vieler Personen erfordern?
- Denken Sie, dass Ihre Forschungsfrage gut definiert und leicht abzufragen ist, oder vermuten Sie noch viele Aspekte, die unklar sind und die Sie als Forscher nicht vorab definieren können?

Sofern Sie von wenigen Definitionsmöglichkeiten ausgehen und eher an ideografischen Hypothesen interessiert sind, entscheiden Sie sich für qualitative Forschungsmethoden. Sofern Sie eine größere Gruppe von Personen untersuchen möchten und die Untersuchungsfrage sehr gut definieren können und direkt abfragen möchten, entscheiden Sie sich für quantitative Forschungsmethoden. Genauso benötigen Sie für Fragen, die sich mit Häufigkeiten von bestimmten Faktoren etc. und deren Vergleich zwischen verschiedenen Gruppen beschäftigen, quantitative Forschungsmethoden.

HINWEIS:

Mit der Unterscheidung dieser Forschungsrichtungen werden Sie sich in Kapitel 1.3 näher beschäftigen. Dabei werden Sie explorieren, in welchen Bereichen beide Forschungsrichtungen voneinander profitieren können.

In der Auswahl der Methode steckt gleichzeitig auch die Antizipation der **Zielgruppe**. Abhängig davon, welche Personen Sie für Ihre Forschungsfrage für geeignet halten, für wen die Klärung dieser Frage Bedeutung hat und worauf diese Personen besser ansprechen werden (z. B. Fragebogen oder Interview), entscheiden Sie sich für eine quantitative oder eine qualitative Ausrichtung. Die Stufe 2 geht somit unmittelbar in die Stufe 3 über und thematisiert bereits die Auswahl der Methode.

Stufe 3

Für die dritte Stufe ist es entscheidend, dass Sie die **Datenerhebungsmethode** festlegen. Dabei haben Sie eine große Auswahl. Sie müssen eine oder mehrere Methoden bestimmen, die Ihre Fragestellung passend abdecken können.

Dabei gehen Sie einen Schritt weiter, um die Stufe zu erreichen: Sie müssen nun die Methode für Ihre Fragestellung greifbar machen, d. h. definieren, was Sie wie untersuchen wollen. Die Datenerhebungsmethode ist davon abhängig und gibt Ihnen ein systematisches Regelwerk vor.

PRAXISBEISPIEL 1.2:

- Bei einem Fragebogen müssen Sie beispielsweise die Fragen und mögliche Antworten formulieren.
- Bei einem Interview müssen Sie sich ebenfalls Fragen überlegen, die aber meist sehr offen gestellt werden, um den Erzählfluss zu fördern.
- Bei einer Beobachtung sollten Sie vorab definieren, wie Sie beobachten wollen und worauf Sie besonders achten möchten.

Die Entwicklung der Datenerfassung ist eine sehr wichtige und zeitaufwendige Stufe und wird durch einen **Pretest** gesichert. Ein Pretest ist unbedingt zu empfehlen, wird jedoch von Forschern leider nicht immer durchgeführt. Gemeint ist damit ein Probedurchlauf der Datenerhebung, um abschätzen zu können, ob eventuell noch Fehler vorliegen, ob alles verständlich ist oder wie die Untersuchungspersonen reagieren könnten.

Wichtig ist hierbei, dass eine kleine Auswahl an Personen (die Sie auch in Ihrer Zielgruppe sehen) Ihre Studie durchläuft. Es handelt sich somit um Ihre Studie im „Miniformat“. Sie werden dabei meistens Störungen feststellen und können dann die Datenerfassung nochmals überdenken und Anpassungen vornehmen. Sie bekommen so auch ein Gefühl für das Antwortverhalten Ihrer Zielgruppe. Die Zielgruppe kann Ihnen wertvolle Tipps geben, die Ihre Datenerfassung noch besser macht.

HINWEIS:
Sie werden sich mit dem Pretest und den Datenerhebungsmethoden in Kapitel 3 vertraut machen.

Partizipatives Forschen

Immer bedeutsamer wird insbesondere in Hinsicht auf den Transfer von Forschungserkenntnissen in bestimmte Ziel- oder Adressatengruppen das Thema Bürgerbeteiligung. In der empirischen Sozialforschung und anderen Bereichen wird auch von **partizipativer Forschung** gesprochen. Dabei können die Einbeziehung und Zusammenarbeit mit Adressatengruppen unterschiedlich intensiv verlaufen: von kontinuierlicher Information über das – wesentlich von den Forschenden vorangetriebene – Vorhaben und die Einbeziehung der Adressatengruppe in einzelne Stufen des Forschungsprozesses (z. B. Generierung der Forschungsfragen) bis hin zu einer gleichberechtigten Beteiligung und Mitarbeit an allen Stufen des Prozesses, also einschließlich der Analyse und Interpretation. Hier wird auch von Co-Kreation gesprochen.

HINWEIS:
Weitere Informationen finden sich z.B. auf der Webseite der internationalen Vereinigung für partizipative Forschung (www.icphr.org).

Stufe 4

Die Stufe 4 besteht ausschließlich aus der **Teilnehmerrekrutierung**. Sie haben bereits Ihre Zielgruppe fest im Blick, jedoch stellen sich die folgenden Fragen:

- Wie viele Personen benötigen Sie für Ihre Untersuchung?
- Wie gelingt es Ihnen, Personen aus dieser Zielgruppe anzusprechen?

Sowohl die Größe der Teilnehmergruppe als auch die Rücklaufquote und die Antwortverweigerung spielen eine wichtige Rolle. Je mehr Personen Sie untersuchen, desto mehr Aufwand müssen Sie betreiben. Je weniger Personen Sie für Ihre Studie gewinnen, desto größer ist die Gefahr, dass diese Personen sich kaum voneinander unterscheiden. Sie haben auch hier wieder ein breites Spektrum zur Verfügung, das

Ihnen Stichprobentechniken und Kontrollmöglichkeiten für eine gute Teilnehmerauswahl aufzeigt.

HINWEIS:
Sie werden sich mit dieser Stufe in Kapitel 2 auseinandersetzen und dort Unterschiede zwischen qualitativen und quantitativen Herangehensweisen herausstellen.

Stufe 5

Sobald es Ihnen gelungen ist, eine gute Auswahl an Teilnehmenden zu treffen, können diese durch Anwendung Ihrer **Datenerhebungsmethode** Informationen zur Klärung der Studienfragen beitragen. Sie erheben nun die Daten mit einer bestimmten Methode, d. h. Sie befragen beispielsweise die Personen mit einem Fragebogen oder beobachten sie in bestimmten Situationen. Es geht also darum, die Erhebung durchzuführen und Daten zu sammeln. In der Datenerhebungssituation können mehrere Fehler bzw. Störungen auftreten, die der Forscher stets gut dokumentieren und wenn möglich kontrollieren sollte.

HINWEIS:
Diese Fehler werden Sie in Kapitel 9 reflektieren und sich bewusst machen, wie Sie ihnen auf die Spur kommen können – und das nicht nur in der Forschungsdurchführung.

Stufe 6

Auch in der **Datenaufbereitung** können Fehler entstehen. Datenaufbereitung meint, die zuvor erhobenen Daten nicht nur zu dokumentieren, sondern auch zu prüfen, ob die Daten richtig erhoben wurden, sodass sie ausgewertet werden können. Die Stufe 6 wird erreicht durch eine gute Dateneingabe – beispielsweise durch Softwareprogramme, die die Antworten der befragten Personen speichern und sie dann für die Auswertung mittels Statistik bereitstellen. Auch qualitative Daten aus Interviews und Beobachtungsprotokollen können durch Softwareprogramme gespeichert werden. Audiodateien können in Text umgewandelt und ebenfalls weiterverarbeitet werden. Meistens erfolgt die Datenaufbereitung somit durch Unterstützung von Computerprogrammen.

Die computergestützte Dateneingabe erfordert allerdings einige vorbereitende Schritte, wie zum Beispiel die Codierung von Fragebogenergebnissen, d. h. die Zuordnung von Codeziffern oder Codezahlen zu den Antwortvorgaben.

HINWEIS:
Datenaufbereitung und Softwareunterstützung werden Ihnen in Kapitel 6 mit praktischen Übungen wieder begegnen.

Stufe 7

Die **Datenauswertung**, Stufe 7, komprimiert die Daten zu zentralen Informationen als Grundlage Ihrer Ergebnisse. Zu diesen gelangen wir, weil wir systematisch den Regeln der Datenauswertungsmethoden folgen. Wir müssen diese Methoden jedoch eigenständig auswählen – abermals passend zu unserer Forschungsfrage und zu den Hypothesen. Nicht jede Datenauswertungsmethode passt auf Ihre Forschungsfragen und gibt vernünftige Antworten dazu.

HINWEIS:
Die Anzahl an Methoden ist groß. Einige werden Sie sich in Kapitel 7 für die quantitative Forschung und in Kapitel 8 für die qualitative Forschung aktiv aneignen.

Stufe 8

Sie nutzen die Datenauswertungsmethoden, um zu Ergebnissen zu gelangen, die Sie anschließend interpretieren müssen. Die letzte Stufe stellt somit die **Dateninterpretation** dar. Wenn Sie nicht wissen, wie vorhandene Daten geeignet interpretiert werden, kann noch sehr viel Schaden entstehen, obwohl Sie den Forschungsprozess fast abgeschlossen haben.

Einhergehend mit der Interpretation ist die ständige **Reflexion** des Forschers. Das heißt, Sie müssen Ihre eigene Subjektivität bei der Interpretation bedenken, mögliche Fehlerquellen ins Auge fassen und Aussagen da relativieren, wo Unsicherheit besteht. Eine gute Methodenkritik ist elementar für die Interpretation.

Die Interpretation ist der letzte Schritt für einen umfassenden Bericht zu Ihrer Forschung. In der Wissenschaft wird erwartet, dass Sie Ihre Studienergebnisse publizieren. Ergebnisse werden durch **Publikation** der Wissenschaft und der Öffentlichkeit zugänglich gemacht. Das Endziel Ihrer Forschung ist daher schon klar in Sicht: Sie möchten Antworten auf Ihre Fragen liefern und diese Antworten mit Ihrem Beitrag in der Forschungswelt und auch in der Gesellschaft diskutieren.

Nicht erst an dieser Stelle sollten Sie auch die ethischen Dimensionen Ihrer Forschung bedenken. In der empirischen Sozialforschung, aber auch in der medizinischen Forschung mit Patienten muss das Wohl der teilnehmenden Personen im Mittelpunkt Ihrer Sorge um einen ordnungsgemäßen Ablauf Ihrer Forschung stehen. Ihre (potenziellen) Forschungsteilnehmenden müssen sich freiwillig und ohne Angst vor Sanktionen für oder gegen die Teilnahme entscheiden können und dies auch schriftlich dokumentieren. Dafür ist es wichtig, dass klare, verständliche und umfassende Informationen über die Untersuchung und mögliche Konsequenzen zur Verfügung gestellt werden. Für empirische Forschungsprojekte besteht i. d. R. die Pflicht, das Votum einer zuständigen Ethikkommission einzuholen (z. B. Ethikkommission der Universität, der Ärztekammer, von Fachverbänden). Bei der Interpretation Ihrer Ergebnisse ist es wichtig, Schadenspotenzial (z. B. in Hinsicht auf Diskriminierung und Ausgrenzung von bestimmten Gruppen) zu erkennen und diesem entgegenzuwirken. Ihre Forschung kann andererseits dringende Handlungsbedarfe offenbaren, z. B. wenn Sie besondere Gefahren für Einzelpersonen oder Gruppen durch Ihre Arbeiten erkennen. Dann muss es darum gehen, angemessene Forderungen zu formulieren oder auch konkrete Aktionen zu unterstützen bzw. diese einzuleiten. Empirische Forschung kann vielfältige ethische Dimensionen haben. Die Berücksichtigung von Leitlinien guter wissenschaftlicher Praxis gehört daher zum Berufsethos von wissenschaftlich Tätigen.

HINWEIS:
Viele wissenschaftliche Fachgesellschaften haben entsprechende Leitlinien entwickelt und auf der Website der Deutschen Forschungsgemeinschaft findet sich ein entsprechender Kodex (www.dfg.de).

Während wir Sie bei der letzten Stufe mit dem anschließenden Benefit in der Wissenschaft kaum unterstützen können, wollen wir den großen Bereich, der Sie dorthin führt, nun genauer betrachten. Wir beginnen mit der allgemeinen Ausrichtung der Forschungsmethoden und der Flexibilität von empirischen Forschungsprozessen.

1.3 Von Quantität und Qualität: eine Frage der Frage

Quantitative Forschung unterscheidet sich in einigen Faktoren von qualitativer Forschung, was sich auch auf den Forschungsprozess auswirkt. Ein grundlegendes Merkmal zur Unterscheidung findet sich bereits in der Namensgebung.

ÜBUNG 1.2:
Bevor Sie weiterlesen, nehmen Sie sich eine Stoppuhr, stellen diese auf eine Minute ein und notieren Sie sich innerhalb dieser Minute alle Begriffe, die Ihnen spontan einfallen, wenn Sie an „Qualität" denken. Wiederholen Sie das Vorgehen danach mit dem Begriff „Quantität".

Wie viele Begriffe sind Ihnen eingefallen? Haben Sie eher positive oder eher negative Beschreibungen gefunden?

TIPP
Notieren Sie sich alles, was Ihnen einfällt. Ein „Richtig" oder „Falsch" gibt es nicht. Denken Sie insbesondere an Synonyme für Quantität und Qualität oder an Kontexte, in denen Ihnen diese Begriffe bereits begegnet sind.

Unter „Quantität" versteht man eine Messung von Mengen, Größen oder Menschen in Zahlen, während Ihnen bei „Qualität" sicherlich noch viele weitere Begriffe eingefallen sind, die eher die Güte, Haltungen und Prozesse umfassen könnten. In der Literatur wird die quantitative Forschung der qualitativen Forschung gerne gegenübergestellt und die Assoziationen mit den Grundhaltungen in wenigen Begriffen kategorisiert. In der nachfolgenden Tab. 1.1 sind einige Gegensatzpaare aufgeführt.

Tab. 1.1: Quantitative vs. qualitative Forschung

Quantitative Forschung	Qualitative Forschung
objektiv	subjektiv
nomothetisch	ideografisch
hypothesenprüfend	hypothesengenerierend
Zahlen	Interpretation
partikulär	holistisch
Verhalten	Erleben
Formeln	Texte
deduktiv	induktiv
Messen	erfahren

Zur qualitativen Forschung gehört ein Forschungsvorgehen, das das Individuum bzw. eine Gruppe von Individuen in den Vordergrund stellt. Die Individuen werden als Akteure ihrer Welt begriffen, von denen das Verständnis für die Welt ausgehen muss. Wenn Forscher sich an ihnen orientieren und Methoden einsetzen, die einer Person mehr Freiraum geben und einem Prinzip der Offenheit folgen, dann verwenden diese Forscher eher qualitative Methoden. Das Individuum soll seine Lebenswelt selbst beschreiben oder in diese Lebenswelt Einblicke geben. Der Begriff **Ideografie** (das Individuum beschreibend) meint genau dies. Zusätzlich begreift der Forscher sich als Teil dieser Lebenswelt, weil er selbst als Akteur in ihr enthalten ist.

Qualitativer Forschung sagt man somit einen höheren Grad an Subjektivität nach, bezogen auf die Subjektivität der Untersuchungspersonen, aber auch auf die Subjektivität des Forschers. Denken Sie an ein mündliches Interview – ein Paradebeispiel für qualitative Forschung, sofern die Fragen offen formuliert sind und der Forscher der interviewten Person unmittelbar gegenübersitzt. Die interviewte Person kann all ihre Auffassungen und Gefühle äußern – nicht nur verbal, sondern oft auch auf nonverbaler Ebene, also durch Gesten, Unterbrechungen usw.

Der Forscher hat durch seine Frage, aber auch durch seine Mimik und Gestik eine unmittelbare Wirkung auf die Interviewperson. Demzufolge kann er durchaus Störungen im Interviewfluss erzeugen oder bestimmte Aussagen provozieren. Der Vorteil des Interviews liegt jedoch auf der Hand: Man kann sagen, dass wir durch diese Forschungsart mehr von der Person erfahren, sie in ihrer Lebenswelt erleben dürfen und ein Gefühl von Ganzheitlichkeit wahrnehmen (= **holistisch**).

Der Forscher würde in seinen Interpretationen auf Textmaterial (oder bei Beobachtungen auf visuelles Material) zurückgreifen und daraus womöglich neue Erkenntnisse erschließen, die ihn zu neuen Hypothesen führen. Ein solches Vorgehen wird auch Induktion genannt.

Induktion meint eine Erkenntnis vom Einzelnen auf das Allgemeine, einen Schluss vom Individuum auf die Gesamtheit. Induktion führt oft zu neuen Erkenntnissen, ist überraschend und wird eher in der qualitativen Forschung verortet.

Dem Induktionsschluss wird der Deduktionsschluss gegenübergestellt. Dieser wird der quantitativen Forschung zugeschrieben. Quantitative Forschung geht oft von klar definierten Hypothesen aus, die einer numerischen Prüfung unterzogen werden. Auf Basis von Formeln und Zahlenwerten werden Erkenntnisse formuliert, Hypothesen verworfen oder bestätigt. Diese Art zu forschen erinnert an sehr starke Vorgaben, Regeln oder sogar feststehende Gesetze. Zumindest erscheinen die Vorgaben enger gefasst als in der qualitativen Forschung.

Deduktion meint eine Erkenntnis vom Allgemeinen zum Einzelnen, ein Schluss vom Allgemeinen auf das Individuum. Deduktion erfordert ein großes Vorwissen und wird eher in der quantitativen Forschung verortet.

Da quantitative Forschung bereits auf relativ viel Theorie zurückgreifen kann, steht ein theoriegeleitetes, an feste Gesetze erinnerndes Vorgehen im Vordergrund (= **nomothetisch**). Dies wird mit „Messung" assoziiert. Dadurch, dass viele Personen als

Masse untersucht werden können, entgehen dem Forscher viele Besonderheiten der einzelnen Personen, sodass ein solches Vorgehen oft als **partikulär** (= ausschnitthaft) bezeichnet wird. Hier ist allerdings anzumerken, dass mittlerweile aufgrund methodischer Entwicklungen auch in quantitativen Untersuchungen immer mehr Einzelaspekte und Besonderheiten von Individuen erfasst werden, etwa bei der Genotypisierung in medizinischen Studien. Der große Vorteil der quantitativen Forschung besteht genau in diesem festen Regelwerk, das das Ausmaß der Subjektivität sehr gut eingrenzen kann und für sich ein hohes Maß an **Objektivität** beansprucht.

Ein Denken in Kontrasten (quantitativ vs. qualitativ) ist jedoch nicht förderlich und führt zwangsläufig zu gegenseitigen Auf- bzw. Abwertungen der beiden Forschungsgrundhaltungen. Sinnvoller ist es, sowohl die qualitative als auch die quantitative Forschung an den Forschungsfragen auszurichten und sich auf dieser Basis für eine Forschungsart zu entscheiden. Mittlerweile wird auch die Integration beider Forschungsrichtungen diskutiert (vgl. Kuckartz, 2014) und vermehrt umgesetzt, um dadurch zu noch besseren Aussagen über die Forschungsfrage und den Forschungsgegenstand zu gelangen.

Oft sind die in Tab. 1.1 genannten Begriffe keine realen Gegensatzpaare, sondern weisen verschwommene Grenzen auf. Das folgende Beispiel soll Ihnen eine solche Überschneidung bewusst machen.

PRAXISBEISPIEL 1.3:

Der Begriff „Induktion" wird qualitativen Forschungsmethoden zugeschrieben und „Deduktion" der quantitativen Forschung. Stellen wir uns einen Fragebogen aus der quantitativen Forschung vor. Sowohl die Fragen als auch die Antworten sind vorgegeben. Bedeutet dies, dass wir niemals zu neuen Erkenntnissen gelangen, nur, weil wir deduktiv vorgehen? Durch die der Statistik zugewiesene, explorative Datenanalyse und die induktive Statistik können wir auch hier zu neuen Ideen kommen und sogar Schlüsse von einer kleinen Personengruppe auf die Allgemeinheit ziehen. Stellen wir uns einen Interviewleitfaden aus der qualitativen Forschung vor. Die Fragen sind vorgegeben, die Antworten nicht. Der Forscher musste hier die Fragen im Vorfeld bestimmen, denn irgendetwas muss er schließlich fragen. Dies entspricht einem deduktiven Vorgehen, da er aus der Theorie (dem Allgemeinen) seine Fragen entwickelt hat und diese für das Individuum (den Einzelnen) als interessant ansieht. Der qualitative Forscher verhält sich also auch zu gewissen Anteilen deduktiv, ebenso wie sich der quantitative Forscher auch induktiv verhält.

Da Sie sich im Laufe der Stufen für eine Forschungsrichtung entscheiden, werden wir kurz die zusätzlichen Wege im Forschungsprozess beleuchten.

Der qualitative Forschungsprozess ist stärker durch ein stetiges Prüfen der Etappenziele gekennzeichnet, vergleichbar mit einem Kreislauf. Die Stufe 1 mit der Theorieexploration (vgl. Abb. 1.1) wird in alle anderen Etappen integriert und Theorie, Hypothesen und eine Anpassung des eigenen Vorgehens kontinuierlich hinterfragt. Die Zielgruppe kann zu Beginn feststehen, sie kann sich im Laufe von bereits durchgeführten Datenerhebungsmethoden wieder ändern und es können neue, andere Teilnehmer rekrutiert werden. Auch nach der Datenerhebung – im Zuge der Auswertung und Interpretation – können weitere Theoriearbeit und erneute Erhebungen stattfinden. Ein qualitativer Forscher ist erst dann richtig „satt", wenn seine Theorie „gesättigt" ist und keine neuen Erkenntnisse mehr generiert werden können.

HINWEIS:

In Kapitel 2 werden wir auf diese kleinen, aber feinen Unterschiede in der Teilnehmerrekrutierung noch genauer eingehen.

Die Entscheidung für oder gegen ein qualitatives Methodenvorgehen fällt relativ früh im Forschungsprozess. Um uns diese Entscheidung besser vor Augen zu führen, benötigen wir Fragestellungen. Lassen Sie uns anhand der folgenden Übung 1.3 exemplarisch das Vorgehen auswählen.

ÜBUNG 1.3:

Sie möchten gerne die Studienzufriedenheit von Studierenden an einer Hochschule untersuchen. Finden Sie schlüssige Argumente zu den beschriebenen Fragen. Was spricht Ihrer Meinung nach für ein quantitatives Vorgehen? Fragen Sie sich:

- Eignet sich ein schriftlicher Fragebogen mit vorgegebenen Fragen und Antworten? Was würden Sie hierfür benötigen, um ihn umsetzen zu können?
- Möchten Sie viele oder nur wenige Studierende ansprechen? Was erhoffen Sie sich, wenn Sie viele Studierende auswählen?

Was spricht Ihrer Meinung nach für ein qualitatives Vorgehen? Fragen Sie sich:

- Eignet sich ein mündliches Interview (z. B. via Telefon oder Internet)? Welche Vorteile hätte ein solches Vorgehen für Ihre Forschungsfrage?
- Eignet sich eine Beobachtung oder eine Gruppendiskussion mit wenigen Studierenden während der Seminare? Was erhoffen Sie sich, wenn Sie wenige Studierende untersuchen?

Welche Ihrer Argumente überzeugen Sie mehr im Hinblick auf die Fragestellung? Entscheiden Sie sich für qualitative oder quantitative Forschung?

Überlegen Sie bei dieser Übung, was über Studienzufriedenheit vermutlich bereits bekannt sein könnte. Ist der theoretische Hintergrund umfangreich oder ist dazu noch wenig bekannt? Könnten Sie schnell Fragen und Antworten für einen Fragebogen generieren? Gibt es offene Fragen, die Ihnen ad hoc für ein Interview einfallen? Was könnte es bewirken, wenn mehrere Personen gleichzeitig diskutieren? Welche Erkenntnis kann eine Beobachtung bringen?

Besondere Relevanz kommt dabei Ihren Argumenten zu. Im Prinzip lässt sich fast jede Fragestellung qualitativ, aber auch quantitativ ausrichten. Oft entscheidet die Argumentation mit Blick auf die Literatur und die daraus abzuleitenden Forschungslücken:

- Wenn Sie eine Fragestellung verfolgen, die bereits sehr viele wissenschaftliche Erkenntnisse mit sich bringt und sehr präzise in Fragebögen, Tests oder Experimenten gemessen werden kann, liegt es nahe, sich für quantitative Methoden zu entscheiden.
- Wollen Sie hingegen eine Fragestellung beleuchten, zu der es bisher wenige Aussagen gibt und die von Ihnen viel Exploration in kleinen Zielgruppen erfordert, entscheiden Sie sich eher für ein qualitatives Vorgehen.

Quantität oder Qualität ist also eine Frage der Frage. Es geht dabei nicht darum zu entscheiden, ob eine der Forschungshaltungen grundsätzlich besser ist als die andere.

1.4 Wissenschaftliche Fragestellungen generieren

Wissenschaftliche Fragestellungen kennzeichnen sich nicht nur durch ein wissenschaftliches Interesse an der zu untersuchenden Thematik, sondern auch durch die Einhaltung wesentlicher Kriterien. Ein besonders wichtiges Kriterium ist die Definition der Messung der Inhalte. Dieses Kriterium wird auch Operationalisierung genannt. Gemeint ist damit die Festlegung, was Sie unter dem Thema Ihrer Forschung verstehen und welche Faktoren Sie auf welche Art untersuchen möchten.

Operationalisierung meint die Messbarmachung von Forschungsinhalten.

Operationalisierung spielt insbesondere in den Sozial- und Humanwissenschaften eine wichtige Rolle, da dort die Forschungsthemen sehr unterschiedlich definiert werden können. Betrachten wir die Vielfalt an Definitionen anhand eines Praxisbeispiels.

PRAXISBEISPIEL 1.4:

Erinnern Sie sich an Übung 1.3. Sie haben sich darin mit der Studienzufriedenheit beschäftigt.

Was genau verstehen wir aber unter „Zufriedenheit", und was unterscheidet diese Zufriedenheit im Kontext des Studiums von der im Beruf oder der Familie? Wenn Sie in der Literatur nachschlagen, werden Sie feststellen, dass Studien sehr unterschiedliche Faktoren unter Zufriedenheit fassen. Manche Studien könnten den Bereich der Leistung, andere den Bereich der persönlichen Perspektive im Rahmen der Studienzufriedenheit hervorheben. Es hängt also davon ab, welche Aspekte Sie und die wissenschaftliche Literatur als relevant ansehen.

Ein weiteres Problem ergibt sich, wenn wir auf den Faktor „Leistung" schauen. Nehmen wir an, dieser ist sehr entscheidend für Ihre Studienzufriedenheit. Wie wollen wir die Leistung aber erfassen? Entscheiden wir uns für die Noten, die Sie im Laufe Ihres Studiums erhalten? Oder definieren wir Leistung z. B. als den zeitlichen Aufwand, den Sie für Ihre inhaltliche Professionalisierung benötigen? Wie können Sie Leistung erkennen? Wie können Sie diese in einem Fragebogen abfragen, wie beobachten, wie durch Interviewaussagen identifizieren? Diese Antworten muss die Operationalisierung liefern, indem Sie argumentativ begründen, warum bestimmte Verhaltensweisen oder Einstellungen ein Kriterium für Leistung darstellen.

Die Operationalisierung stellt für die meisten Forscher eine große Herausforderung dar. Im Forschungsprozess sollte sehr viel Zeit für diese Phase reserviert werden. Lediglich in den naturwissenschaftlichen Fächern ist eine Operationalisierung oft schneller zu realisieren, weil Messvorgänge (z. B. Ermittlung eines Gewichts, einer Länge oder einer Entfernung) bereits ziemlich eindeutig definiert sind. Während Naturwissenschaftler durch diese Konventionen eine gute Vergleichbarkeit ihrer Forschungsergebnisse ermöglichen, kommt es in den Sozial- und Humanwissenschaften umso mehr darauf an, die Definitionen sehr genau zu beleuchten und sich selbst als Forscher in dieser Vielfalt zu positionieren.

ÜBUNG 1.4:

Sie möchten gerne den Begriff „erfolgreiches Studieren" operationalisieren. Notieren Sie sich, was Sie darunter verstehen. Welche Faktoren des Erfolgs würden Sie wie messen wollen? Achten Sie darauf, dass Sie sehr konkret beschreiben, wie sich der Erfolg zeigt.

Nehmen Sie sich anschließend fünf Minuten Zeit und schauen Sie einmal exemplarisch in Internetsuchmaschinen, welche Definitionen und Aussagen Sie hierzu finden.

Vergleichen Sie: Entsprechen diese Definitionen Ihrer Definition? Finden Sie die Definitionen im Internet nachvollziehbar und hinreichend gut beschrieben?

TIPP

Denken Sie an Ihre ganz eigene Definition von erfolgreichem Studieren. Was führt zum Erfolg? Sie können Faktoren nennen, die allgemein eine Rolle spielen, aber gerne auch noch Faktoren angeben, die eine Ebene darunterliegen und somit in die Tiefe gehen.
Am Beispiel der Zufriedenheit könnten sehr oberflächliche Faktoren genannt werden. Man könnte den Faktor Leistung noch eingehender analysieren und festlegen, dass es um Statusdenken geht, um das Gefühl der gesellschaftlichen Akzeptanz oder um „Bulimielernen". Im nächsten Schritt müsste man sich überlegen, wie diese tieferen Faktoren konkret beobachtet und gemessen werden können.

Mit der Operationalisierung geht die Präzisierung der Fragestellung aus der Literatur einher. Sie benötigen zwangsläufig eine sehr gute Theoriearbeit, um daraus Definitionen abzuleiten oder sich von diesen Definitionen inspirieren zu lassen. Die Grundlagen einer guten Theoriearbeit im Sinne einer systematischen Literaturrecherche werden in diesem Handbuch vorausgesetzt und nicht eingehend bearbeitet.

Auf Grundlage Ihrer Theorieexploration und des stetigen Abgleichs, wie Sie die Theorie oder bestimmte Theorieaspekte messen wollen, entstehen wissenschaftliche Hypothesen.

Wissenschaftliche Hypothesen stellen eine Vermutung bzw. Behauptung darüber auf, was Sie für die Untersuchung des Themas in Ihrer Zielgruppe annehmen.

Das können Einflussfaktoren, Zusammenhänge, Unterschiede oder Veränderungen sein. Kommen wir auf unser Beispiel der Studienzufriedenheit zurück, so könnte man annehmen, dass es womöglich einen Zusammenhang mit der Notenleistung gibt. Man könnte demnach die Hypothese formulieren: „Je zufriedener ich mit meinem Studium bin, desto besser fallen meine Noten aus." Vorab hätten wir definiert, dass „zufriedener" auf eine Gesamtskala von 1 bis 20 zurückgreift, die auf Basis eines Fragebogens mit fünf Fragen operationalisiert wurde (eine mögliche Frage wäre z. B.: „Die fachlichen Inhalte aus den Literaturquellen kann ich sehr gut praktisch anwenden". Die Notenleistung hätten wir als Durchschnittswert der letzten fünf Prüfungen berechnet. Das Merkmal einer wissenschaftlichen Hypothese ist die „theoretische" Brille des Forschers, die wir aufsetzen, um unsere Annahmen transparent vor der eigentlichen Durchführung der Studie zu formulieren. Die Hypothesen führen zu der Entscheidung für ein bestimmtes Untersuchungsdesign, das wir in Kapitel 4 noch genauer betrachten werden.

Nun muss vorab nicht alles bereits feststehen und ein umfassendes Hintergrundwissen vorhanden sein, sonst würden sich keine Forschungsfragen ergeben. Deshalb sind Hypothesen auch Vermutungen oder Erwartungen. Sie können durchaus erst aus der Erhebung und Auswertung resultieren, wie es der qualitativen Forschung zugeschrieben wird. Wenn man eine oder mehrere Hypothesen formulieren kann, dann besitzen diese immer die Struktur eines Satzes, der auf die Zielgruppe zugeschnitten ist. In diesem Satz wird eine Beziehung zwischen einem oder mehreren Inhalten unterstellt (siehe Satz oben). Wir müssen diese Hypothese aber nicht nur bilden, sondern sie auch empirisch prüfen können, d. h. Sie müssen sie gut operationalisiert haben und potenziell auch in Ihrem Forschungsprozess untersuchen können. Darüber hinaus sollte eine wissenschaftliche Hypothese eine Generalisierung auf andere Personen, Situationen oder Zeitpunkte zulassen und somit nicht allein von einem singulären Ereignis oder einer Person abhängig sein.

PRAXISBEISPIEL 1.5:

Nehmen wir folgende Hypothese zur Hand: „Lisa hat schlechtere Noten als andere Prüfungsteilnehmer." Die Hypothese ist singulär (auf Lisa bezogen). Was können wir mit ihr aussagen? Wir könnten feststellen, dass Lisa schlechter ist, dass Lisa besser ist oder dass Lisa gleich gut in ihren Noten abschneidet. Eine solche Hypothese würden wir jedoch eher im diagnostischen Bereich verorten, vielleicht eine Leistungsschwäche bei Lisa untersuchen und ihr evtl. anhand der Ergebnisse Hilfe zukommen lassen.

Eine wissenschaftliche Hypothese ist zudem durch die implizite Struktur eines Konditionalsatzes („wenn ..., dann ..." oder „je ..., desto ...") charakterisiert und beansprucht Nachvollziehbarkeit für andere Forscher. Letzteren Punkt können Sie abermals durch eine gute Operationalisierung erzielen.

Es muss zudem möglich sein, den Konditionalsatz zu widerlegen, d. h. die Aussage abzulehnen. Dieses Prinzip heißt in der empirischen Fachsprache Falsifikation. Wenn es keine Möglichkeit gibt, der Hypothese zu widersprechen, ist sie zwangsläufig immer wahr und wir bräuchten sie erst gar nicht zu prüfen. Falsifikation findet sein Gegenstück in der Verifikation (= Bestätigung).

Während unter **Falsifikation** die Widerlegung von Hypothesen gemeint ist, spiegelt die **Verifikation** den Wahrheitscharakter der Hypothesen wider.

Lassen Sie uns anhand zweier Beispiele das Problem der Falsifikation aufzeigen.

PRAXISBEISPIEL 1.6:

Die Hypothese „Bei starker Abgasinhalation kann es zu Lungenkrebs kommen" ist eine schlechte Hypothese, da sie durch das Wort „kann" niemals widerlegbar ist.

Die Hypothese „Es gibt Menschen, die empfindlich auf Wetterumschwünge reagieren" ist ebenfalls schlecht formuliert. Eine Falsifikation ist nicht möglich, da es diese Menschen immer geben wird – es sein denn, es gelingt Ihnen, die Möglichkeit von „Wetterfühligkeit" wissenschaftlich unumstößlich festzustellen (ein höchst unwahrscheinliches Unterfangen).

Die Formulierungen „es gibt" und „kann" sollte man daher in wissenschaftlichen Hypothesen konsequent vermeiden.

Um sich mit wissenschaftlichen Hypothesen noch besser vertraut zu machen, bearbeiten Sie bitte die nachfolgende Übung.

ÜBUNG 1.5:

Sie haben in Übung 1.4 den Begriff „erfolgreiches Studieren" operationalisiert. Notieren Sie sich nun drei wissenschaftliche Hypothesen und prüfen Sie, ob Sie die Kriterien für eine wissenschaftliche Hypothese eingehalten haben. Diskutieren Sie, was passieren müsste, um die Hypothese zu verifizieren bzw. zu falsifizieren.

TIPP

Die Kriterien einer wissenschaftlichen Hypothese lassen sich wie folgt charakterisieren:

- empirische Überprüfung möglich
- Generalisierung möglich
- implizite Struktur eines Konditionalsatzes vorhanden
- Aussage über die Beziehung von einem oder mehreren Inhalten gegeben
- Nachvollziehbarkeit für andere Forscher gegeben
- Falsifikation möglich

Eine wissenschaftliche Hypothese kann bereits so formuliert werden, dass sie ein bestimmtes Untersuchungsdesign vorgibt. Diese Art der Formulierung werden wir uns im nächsten Unterkapitel mit Blick auf die quantitativen (statistischen) Hypothesen genauer ansehen.

1.5 Statistische Hypothesen im Vergleich

Eine statistische Hypothese präzisiert nochmals die wissenschaftlichen Kriterien einer Hypothese (vgl. Kap. 1.4), indem sie Aussagen über eine Population trifft, die sich auf bestimmte statistische Kennwerte (z. B. einen Mittelwert) und Richtungen von Forschungsinhalten (z. B. einen positiven Zusammenhang) stützen können. Beginnen wir mit der ersten Erweiterung, indem wir den Begriff „Population" einführen. Unter „Population" werden alle Personen oder Objekte verstanden, über die Aussagen getroffen werden sollen (dies entspricht der bisher benannten Zielgruppe). Dabei müssen nicht alle diese Personen tatsächlich untersucht werden, sondern quantitative Forscher nutzen hierfür Stichprobentechniken (vgl. Kap. 2), um den Zeit- und Kostenaufwand zu reduzieren.

Die **Population** beschreibt die Masse an Personen oder Objekten, über die Aussagen getroffen werden sollen. Die Stichprobe stellt eine Auswahl aus der Population dar.

Wir werden noch feststellen, dass Studien mit einigen Fehlern behaftet sein können und auch Stichprobentechniken kritisch reflektiert werden sollten. Momentan reicht es aus zu wissen, dass Hypothesen über Personen getroffen werden, die man nicht unbedingt untersucht haben muss. Denken Sie beispielsweise an die wiederkehrenden Wahlprognosen. Wir müssen nicht Millionen von wahlberechtigten Personen befragen, um prognostizieren zu können, wie das Wahlergebnis aussieht. Wenige Tausende reichen vollkommen aus. Warum das so ist, werden Sie noch erfahren.

Wenden wir uns dem zweiten Punkt der statistischen Kennwerte zu. **Statistische Hypothesen** können Vermutungen über Mittelwerte, Streuungen, Verteilungen oder Korrelationen enthalten, um nur einige Kennwerte zu nennen. Hierfür benötigen wir oft ein gutes Vorwissen, um diese Werte in der Hypothese kennzeichnen zu können. Betrachten Sie eine statistische Hypothese mit einem Kennwert in folgendem Beispiel eingehender.

PRAXISBEISPIEL 1.7:

„Der Kalorienkonsum bei Studierenden an deutschen Hochschulen liegt bei 2.700 kcal täglich." Um diese Hypothese bilden zu können, muss man auf Basis von Studien eine Idee des wahren Mittelwerts besitzen. Von welcher Größe kann man ausgehen? Angenommen, wir hätten eine umfangreiche Sichtung durchgeführt und den Mittelwert all dieser Studien berechnet. Dann wäre es für die Untersuchung interessant herauszufinden, ob dieser Mittelwert bei der zu untersuchenden Zielgruppe zutreffen wird.

Man könnte erwarten, dass der Mittelwert aus Beispiel 1.7 in der Literatur verzerrt ist, und vermutet eine geringere Kalorienzufuhr. Wenn man davon ausginge, würde man eine Gegenhypothese formulieren, die z. B. wie folgt gestaltet ist: „Der Populationsmittelwert ist kleiner als 2.700 kcal."

Statistisch werden immer solche Gegenhypothesen (auch **Alternativhypothesen** genannt) formuliert. Sie beruhen auf dem Prinzip der Falsifikation. Wenn man nicht von der ursprünglichen Hypothese ausgehen kann, muss das Gegenteil angenommen werden. Die ursprüngliche Hypothese erkennen Sie immer daran, dass sie von bestimmten festen Werten ausgeht oder keine Zusammenhänge, keine Unterschiede oder keine Veränderungen postuliert. Daher wird sie auch **Nullhypothese** genannt.

> Die Hypothesenprüfung in der quantitativen Forschung geht immer von Nullhypothesen aus, die entweder beibehalten oder verworfen werden. Wenn sie verworfen werden, gilt die Alternativhypothese als vorläufig bestätigt.

Die Alternativhypothese kann in ihrer Formulierung in eine Richtung weisen. Das heißt, sie kann von positiver oder negativer Abhängigkeit, von größeren oder kleineren Werten als z. B. der Mittelwert oder von ungleichen Verteilungen ausgehen.

Die Richtung der Hypothese orientiert sich dabei an Ihren Forschungsinhalten. Sofern Sie eine bestimmte Richtung annehmen können, handelt es sich um eine gerichtete Alternativhypothese (wie in unserem Beispiel), ansonsten um eine ungerichtete Alternativhypothese. Ungerichtet bedeutet, dass keine Richtung vorgegeben werden kann. In unserem Beispiel wären also mehr oder weniger als 2.700 kcal denkbar.

Um die Logik dieser Hypothesentestung genauer zu verstehen, sollten Sie sich mit der Theorie der statistischen Signifikanztests auseinandersetzen, die jedoch in diesem Handbuch nicht näher vertieft wird. Wir beschränken uns an dieser Stelle darauf, uns die inhaltliche Art der statistischen Hypothese vor Augen zu führen. Eine grobe inhaltliche Unterscheidung findet zwischen **Zusammenhangs-, Unterschieds- und Veränderungshypothesen** statt, die Sie sich in Kapitel 7 auf Grundlage der Auswertung erschließen werden. Während Zusammenhangshypothesen Vermutungen über Zusammenhänge treffen, testen Unterschieds- und Veränderungshypothesen Unterschiede bzw. Veränderungen. In Beispiel 1.8 wird je eine Hypothese aus jedem Bereich dargestellt.

PRAXISBEISPIEL 1.8:

Zusammenhang:

- Nullhypothese: „Zwischen dem Geschlecht und der Studienzufriedenheit besteht keine statistische Abhängigkeit."
- Alternativhypothese: „Die Studienzufriedenheit hängt vom Geschlecht ab."

Unterschied:

- Nullhypothese: „Jüngere Studierende unterscheiden sich in ihrer Studienzufriedenheit nicht von älteren Studierenden."
- Alternativhypothese: „Ältere Studierende sind zufriedener als jüngere Studierende."

Veränderung:

- Nullhypothese: „Die Messwerte von Diabetespatienten ändern sich über sieben Messungen auf Grundlage einer Therapie nicht."
- Alternativhypothese: „Die Messwerte von Diabetespatienten zeigen auf Grundlage der Therapie positive Veränderungen."

Anhand des Beispiels wird deutlich, dass sich nicht immer eine klare Trennung zwischen den Kategorien „Zusammenhang", „Unterschied" und „Veränderung" finden lässt. Jede der Hypothesen ließe sich problemlos in eine andere Kategorie hineinformulieren. Probieren Sie dies doch einmal in der nachfolgenden Übung aus!

ÜBUNG 1.6:

Sie haben in Übung 1.5 drei Hypothesen zum erfolgreichen Studieren formuliert. Überführen Sie diese Hypothesen in eine Zusammenhangs- oder eine Unterschiedshypothese. Notieren Sie sich anschließend die Formulierung der Hypothese, wenn Sie statt einer Unterschieds- von einer Zusammenhangshypothese – oder umgekehrt – ausgehen würden.

TIPP

Sie brauchen bei dieser Übung keine festen Kennwerte (z. B. einen Mittelwert) zu nennen, sondern lediglich festzulegen, ob bestimmte Inhalte, die Sie untersuchen möchten, nicht zusammenhängen oder sich nicht voneinander unterscheiden. Eine Unterschiedshypothese formuliert sehr häufig Unterschiede von Gruppen direkt aus, während dies bei einem Zusammenhang nur an der Oberfläche bleibt. In Beispiel 1.8 ist das Geschlecht im Zusammenhang nicht weiter ausformuliert. Für einen Unterschied könnte man jedoch annehmen, dass ein bestimmtes Geschlecht besser oder schlechter ist – und schon liegt eine andere Hypothesenart vor.

Ihre Fragestellung wurde nun immer stärker präzisiert und kann sogar in statistische Hypothesen übersetzt werden. Diese statistischen Hypothesen werden Ihnen in Kapitel 7 wieder begegnen und Sie werden sie im Kontext der quantitativen Auswertungsmethoden kennenlernen. Bevor wir aber so weit sind, dürfen wir die weiteren Stufen des Forschungsprozesses (vgl. Abb. 1.1) nicht übergehen, sondern sollten uns zunächst die Rekrutierung von Untersuchungspersonen erschließen.

Zusammenfassung

Empirische Forschung verlangt ein systematisches, theoriegeleitetes Vorgehen und wird durch Fachbegriffe und eine Vielfalt an Forschungsmethoden charakterisiert. Eine Abgrenzung vom Alltagswissen ist wichtig, um Studien möglichst objektiv und nachvollziehbar gestalten zu können.

Die Stufen des Forschungsprozesses stehen vor der endgültigen Erreichung des Forscherziels, Befunde in der wissenschaftlichen Gemeinschaft und – wo relevant – in der Zielgruppe zu kommunizieren und zu neuen Erkenntnissen beizutragen. Der Forschungsprozess zeigt auf, dass es bis dahin ein längerer Weg ist, der stets gut dokumentiert und reflektiert werden muss. Manchmal verweilen Forscher länger bei einer Etappe oder machen sich bereits Gedanken über ihre Verknüpfung mit späteren Etappen.

Die Festlegung auf eine bestimmte Methodenwahl orientiert sich dabei immer an der Fragestellung. Ob quantitative oder qualitative Forschungsmethoden zum Einsatz kommen, ist von den Inhalten und auch von der wissenschaftlichen Argumentation abhängig. Kriterien wissenschaftlicher Fragestellungen und Leitlinien guter wissenschaftlicher Praxis sollten dabei Berücksichtigung finden und Hypothesen geeignet formuliert werden. Sofern ein quantitatives Vorgehen gewählt wird, werden die statistischen Hypothesen genutzt, um Sachverhalte für die Population messen zu können. Die Präzision der Messung wird durch die Operationalisierung erreicht, die von Forschern eine möglichst genaue Definition der Inhalte fordert und die auf die zu untersuchende Zielgruppe ausgerichtet sein sollte.

Aufgaben zur Selbstüberprüfung

AUFGABE 1.1:

In einem relativ frühen Stadium des Forschungsprozesses legen sich Forscher auf qualitative oder quantitative Methoden fest.

a) Nennen Sie mindestens drei Vorteile, die Sie allgemein mit qualitativen Methoden assoziieren würden.

b. Nennen Sie mindestens drei Vorteile, die Sie allgemein mit quantitativen Methoden assoziieren würden.

AUFGABE 1.2:

Stellen Sie sich vor, dass Sie eine Studie zum Thema „Betriebliches Gesundheitsmanagement in Krankenhäusern" mit einem Fragebogen planen sollen.

a) Operationalisieren Sie die Fragestellung. Was wollen Sie unter „Betriebliches Gesundheitsmanagement" verstehen?

b. Entwickeln Sie fünf Fragen für den Fragebogen, die Ihrer Meinung nach eindeutig messbar sind.

c) Entwickeln Sie sinnvolle wissenschaftliche Hypothesen anhand der fünf Fragen.

2 Rekrutierung von Untersuchungspersonen

Wenn Sie dieses Kapitel bearbeitet haben, können Sie verschiedene Arten erläutern, Teilnehmer für eine empirische Untersuchung zu gewinnen. Sie sind in der Lage, qualitative von quantitativer Rekrutierung zu unterscheiden. Eine besondere Bedeutung werden die quantitativen Stichprobenziehungen einnehmen, die Sie nach Bearbeitung des Kapitels auf Grundlage unterschiedlicher Ausgangsvoraussetzungen nicht nur einschätzen, sondern auch anwenden können. Zudem lernen Sie, als einen wichtigen Einflussfaktor die Teilnehmergröße zu beschreiben.

Sie können als Forscher Ihre Forschungsfragestellung noch so präzise formulieren und eine geeignete Datenerhebungsmethode auswählen: Wenn Sie nicht wissen, wen Sie untersuchen möchten, scheitert Ihr Vorgehen. Sie müssen parallel zu diesem Prozess stets Ihre Zielgruppe in den Fokus nehmen.

Deshalb werden wir uns in den folgenden Abschnitten mit der Rekrutierung von Untersuchungspersonen auseinandersetzen. Sie werden erfahren, welche Unterschiede sich im Rahmen einer qualitativen oder einer quantitativen Forschungshaltung ergeben.

2.1 Qualitative und quantitative Studien im Vergleich

Im ersten Kapitel haben wir festgestellt, dass sich die Forschungsgrundhaltungen von qualitativen und quantitativen Studien in mehreren Faktoren unterscheiden. Während der qualitative Forscher seine Theorie im Forschungsprozess stets erweitert und diese von Beginn an nicht immer eindeutig bestimmen kann, nutzt der quantitative Forscher eine möglichst gute Operationalisierung dazu, um Ergebnisse von vielen Personen ökonomisch und nachvollziehbar vergleichen zu können. Qualitative Forscher verstehen sich in ihrer Haltung als theorieoffener, orientieren sich nicht an numerischen Ergebnissen auf Grundlage von Formeln oder Zahlen und interpretieren ihre Daten auf Basis von Texten oder visuellem Material (z. B. gewonnen aus Beobachtungen). Ihre Erhebungsmethoden sind darauf ausgerichtet, wenige Personen zu untersuchen, dafür wird diesen Personen aber sehr viel mehr Gesprächs- oder Handlungsspielraum (z. B. in einem mündlichen Interview) als in quantitativen Studien

(z. B. in einem schriftlichen Fragebogen) gegeben. Während quantitative Forscher sich fragen müssen, wie sie viele Personen ihrer Zielgruppe zu einem vorgegebenen Zeitpunkt erreichen, müssen qualitative Forscher wenige Personen finden, diese jedoch sehr sorgfältig auswählen, eben weil sie die Basis für alle nachfolgenden Interpretationen darstellen werden. In der Personenmasse der quantitativen Forschung kann eine einzelne Person und ihre Abweichung zu anderen Personen schnell untergehen, während in qualitativer Forschung diese Person kenntlich gemacht wird.

Stellen wir uns beispielsweise eine Situation vor, in der 25 Schüler einer bestimmten Klasse zu einer bestimmten Lehrstunde mit einem Fragebogen zum Thema „psychische Gewalt“ befragt werden. Nehmen wir an, dass 24 Schüler keine Erfahrungen mit Mobbing gemacht haben und bei dieser Frage „nein“ ankreuzen. Was passiert dann mit dem einzelnen Schüler, der in seinem Leben bereits gemobbt wurde? Er stellt einen Ausreißer dar und wird nur wenige Prozente in der Verteilung der „Erfahrungen mit Mobbing“ einnehmen, nämlich exakt vier Prozent.

Stellen wir uns dagegen ein mündliches Interview in der qualitativen Forschung vor. Der Forscher wird genau diesen einzelnen Schüler sehr interessant finden und ihm eingehende Fragen zu seinen Mobbingerfahrungen stellen wollen. Er muss vorab natürlich wissen, dass der Schüler gemobbt wurde, um im Interview weitere Hintergründe explorieren zu können. Gleichzeitig muss schon hier daran gedacht werden, wie die Aussagen des betreffenden Schülers mit seiner Einzelerfahrung im Verlauf anonymisiert werden, sodass später keine Zuordnung stattfinden kann, die ihm ggf. Nachteile einbringt.

Lassen Sie uns die wesentlichen Unterschiede und die konkrete Vorgehensweise in der qualitativen Teilnehmerrekrutierung im folgenden Kapitel 2.2 genauer betrachten.

2.2 Qualitative Rekrutierung

Ein qualitativer Forscher muss seine Forschungsfrage sehr präzise auf die Zielgruppe abstimmen. Er muss sich überlegen, welche Personen besonders relevant sind und welche Facetten er – z. B. durch Beobachtung oder Interview – von den Personen erfahren möchte. Während ein quantitativer Forscher relativ grob seine Zielgruppe umschreiben kann (z. B. alle Schüler der vierten bis zwölften Klasse), muss der qualitative Forscher wohlüberlegt festlegen, welche Personen Repräsentanten für seine Untersuchung darstellen und wie er sie von einer Teilnahme überzeugen kann. Dies mag auch für die quantitative Forschung wichtig sein, hat jedoch einen noch höheren Stellenwert in der qualitativen Forschung.

PRAXISBEISPIEL 2.1:

Denken wir an die Beobachtung einer Person in ihrem Arbeitsalltag. Nehmen wir an, dem qualitativen Forscher geht es um die Erfassung von stressbehafteten Arbeitssituationen und den Umgang damit. Dazu begleitet er einen Tag lang die Person in ihrem Betrieb.

Der Forscher muss vorab eine Idee haben, warum gerade dieser Betrieb und diese Person so interessant sind. Gründe können beispielsweise sein:

- Es handelt sich um einen Betrieb mit vielen Mitarbeitern und festgelegten Tageszielen.
- Die zu beobachtende Person hat eine Schlüsselposition sowie die Verantwortung für einen Teil der Mitarbeiter inne und muss täglich eine Vielzahl an Entscheidungen treffen.
- Eine Person, die durch allgemeine Kriterien von Stress (hohe Arbeitsbelastung, feste Tagesziele, Mitarbeiterverantwortung und Entscheidungsrelevanz) betroffen ist, soll hinsichtlich ihres Umgangs mit Stressfaktoren exploriert werden.

Der qualitative Forscher muss ein solches Unternehmen in den Blick nehmen und eine Person auswählen, von der er sich neue Erkenntnisse für seine Forschung erhofft.

Qualitative Forschung erfordert in der Rekrutierung demnach eine Nähe zum Feld, um Personen auf dieser Basis einschätzen zu können und aktiv Kontakt zu ihnen herzustellen.

Sie werden noch erfahren, dass sich diese Vorgehensweise von quantitativen Rekrutierungsverfahren unterscheidet (vgl. Kap. 2.3.3). Lassen Sie uns zuvor genauer beleuchten, was es mit der Abstimmung der Forschungsfrage auf die Rekrutierung der Teilnehmer für eine qualitative Studie auf sich hat. Hierfür wird fachsprachlich der Begriff „Theoretical Sampling" verwendet.

Theoretical Sampling

Unter **Theoretical Sampling** wird – ins Deutsche übersetzt – eine theoretische Stichprobenziehung verstanden. Die Stichprobe stellt dabei eine Auswahl von Personen dar, die Repräsentanten für eine größere Gruppe von nicht untersuchten Personen sind. Mit „theoretisch" wird eine stetige Orientierung an der Forschungsfrage assoziiert, d. h. die Personen werden nach und nach rekrutiert.

Wie in unserem vorangegangenen Praxisbeispiel der Beobachtungssituation im Betrieb gezeigt, wählt der Forscher zunächst eine oder mehrere Personen aus, die beispielhaft für stressbelastete Mitarbeiter stehen. Diese Personen beobachtet er nun z. B. eine Woche lang. Anschließend wertet er seine Beobachtungsnotizen aus und kommt zu dem Ergebnis, dass es nun sinnvoll wäre, Mitarbeiter in einem anderen Betrieb zu beobachten. Dieser Betrieb soll sich vom ersten Betrieb in einigen für die Forschung relevanten Faktoren unterscheiden. So könnte er einen kleineren Betrieb wählen, der weniger Mitarbeiterverantwortung von Personen in einer ähnlichen Position verlangt. Er könnte auch einen Betrieb auswählen, der keine festen Tagesziele formuliert oder in dem alle Mitarbeiter an wichtigen Entscheidungen beteiligt werden. Dann könnte er seine Beobachtungen dieser Betriebe vergleichen und immer wieder aufs Neue explorieren, ob er noch weitere Personen mit anderen Eigenschaften und Arbeitsprozessen benötigt, um der Arbeitsbelastung noch stärker auf die Spur zu kommen.

Der Begriff der theoretischen Auswahl von Untersuchungspersonen entstammt der qualitativen Wissenschaftsdisziplin **Grounded Theory**, die Sie in Kapitel 8.2 erarbeiten werden und deren Name bereits andeutet, dass es dabei um die Begründung einer Theorie geht. Dies gelingt am besten, wenn möglichst unterschiedliche Aspekte beleuchtet und somit Personen rekrutiert werden, die sich in den Untersuchungsfaktoren voneinander unterscheiden.

Theoretical Sampling meint eine qualitative Stichprobenziehung, die auf Basis der Forschungstheorie hergleitet wird. Im späteren Verlauf sind weitere Auswahlen möglich, die heterogene, also sich in wichtigen Aspekten unterscheidende Personen untersuchen. Ziel eines solchen Vorgehens ist eine gute Beschreibung der neuen Theorie unter Rückgriff auf wenige Personen.

Die qualitative Forschung gewährleistet durch das Theoretical Sampling eine möglichst gute Ergebnissicherung, auch wenn die Anzahl der Teilnehmer deutlich geringer als in der quantitativen Forschung ausfällt.

ÜBUNG 2.1:

Sie haben sich in einigen Übungen des ersten Kapitels mit dem Thema „erfolgreich Studieren" beschäftigt. Stellen Sie sich vor, Sie möchten dieses Thema qualitativ erforschen. Hierzu planen Sie drei mündliche Interviews. Welche Ideen fallen Ihnen ein, um drei geeignete Personen für Ihre Interviews – im Sinne des Theoretical Sampling – auszuwählen?

TIPP

Schauen Sie sich Ihre Notizen zur Übung 1.4 nochmals an. Welche Aspekte waren Ihnen dort wichtig? Übertragen Sie diese Punkte auf die aktuelle Übung und fragen Sie sich:

- Welche Eigenschaften sollte Person 1 in Interview 1 mitbringen?
- Was könnten dann Aspekte sein, die in Interview 1 fehlen?
- Welche Eigenschaften sollte dann Person 2 in Interview 2 mitbringen?
- Und schließlich: Was sollte von Person 3 in Interview 3 erfragt werden?

Bei diesem Vorgehen ist eine notwendige Voraussetzung, dass die Interviews zeitversetzt stattfinden und dass der Forscher auf Basis seiner Erfahrungen Anpassungen an die weitere theoretische Auswahl vornehmen kann. Sie können sich zwar nicht auf praktische Interviewerfahrungen berufen, aber Sie versuchen theoretisch zu antizipieren, was bei dem Thema relevant ist und welche sinnvollen Kontraste in der Stichprobenziehung auftreten sollten.

2.3 Quantitative Rekrutierung

Während qualitative Forscher theoretisch ihre Personen rekrutieren und die Stichprobenziehung zeitverzögert ablaufen kann, wollen quantitative Forscher viele Personen zu einem, in manchen Fällen auch zu mehreren Zeitpunkten untersuchen. Die Stichprobenziehung orientiert sich an statistischen Kennwerten, die den geringsten Fehler in der Schätzung aufweisen.

Was bedeutet in diesem Fall „Schätzung"? Denken wir nochmals an die Wahlprognosen. Wir können nicht alle wahlberechtigten Personen befragen, denn dies würde zu viel Zeit (und auch finanzielle Mittel) in Anspruch nehmen. Stattdessen wünschen wir uns eine kleinere, repräsentative Auswahl von wahlberechtigten Personen. Während alle Wahlberechtigten die Population darstellen, kennzeichnet eine Auswahl aus der Population die Stichprobe (vgl. Kap. 1.5). Da wir aber eben eine solche Auswahl treffen, ist es sehr wahrscheinlich, dass wir keine exakte Wahlprognose erzielen. Vielleicht können wir gut vorab ermitteln, wer die höchsten Gewinnchancen hat, nicht jedoch die exakte Prozentzahl nennen. Es wird uns also ein Schätzfehler unterlaufen, da in jeder Auswahl auch Personen dabei sein können, die nicht der Population entsprechen (z. B. zu viele oder zu wenige Wahlberechtigte einer bestimmten Partei) und demzufolge unser Ergebnis verzerren. In den USA hat dies im Jahr 1936 zu einem bis heute oft zitierten Rekrutierungsfehler geführt, der als Response-Bias bezeichnet wird.

PRAXISBEISPIEL 2.2:

Ein vielgelesenes Magazin, der Literary Digest, machte in den USA durch die Umfrage Furore. Zu dieser Zeit sollte eine möglichst präzise Vorhersage des Wahlergebnisses der Präsidentschaftskandidaten Alfred Landon vs. Franklin Roosevelt erfolgen. Das Magazin Literary Digest startete eine Umfrage, indem der Zeitschrift ein Zettel beigelegt wurde. Zusätzlich wurden Telefoninterviews durchgeführt sowie eine Auswahl an Personen, die im Besitz eines Autos waren, angeschrieben. Insgesamt handelte es sich um eine Stichprobe von 2,3 Millionen Menschen – eine sehr große Zahl. Die Prognose ergab: Landon wird gewinnen. Nun wissen Sie aber, dass Roosevelt das Rennen gemacht hat. Wie kann das sein? Wie kann es sein, dass so viele Personen untersucht wurden und das Ergebnis dennoch falsch war?

George Gallup nahm sich dieser Frage an und forderte die Medien heraus: Sollte er falsch liegen, würde er eine große Summe Geld spenden. Er glaubte nicht an diese Vorhersage, sondern untersuchte eine Stichprobe von „nur" 50.000 Personen; dabei berücksichtigte er jedoch das Quotenverhältnis verschiedener Schichten der USA. Er kam zum konträren Ergebnis und seine Vorhersage - ganz im Sinne von Roosevelt - war korrekt (vgl. Squire, 1988).

Bei diesem Beispiel müssen wir uns fragen, warum eine größere Auswahl von Personen dennoch zu einem falschen Ergebnis geführt hat. Die Antwort finden wir in der Rekrutierung selbst. Der Literary Digest war ein vielgelesenes Magazin, die Leser stammten aber hauptsächlich aus einkommensstärkeren Schichten. Auch das groß angelegte Telefoninterview und die Auswahl aus Kfz-Registern benachteiligten im Jahr 1936 einkommensschwächere Personen. Was wählen einkommensstärkere Personen? In der Regel entscheiden sie sich vermehrt für Republikaner, wie es Landon war. George Gallup wählte dagegen Personen aus allen Schichten aus und schaffte eine repräsentativere Stichprobe als das Magazin. Bei auf Aussagen über Gesamtpopulationen ausgerichteten Forschungen ist die Grundvoraussetzung bei der Auswahl daher immer eine inhaltliche Sicherung der **Repräsentativität**. Gemeint ist damit, ein möglichst wirklichkeitsgetreues Abbild der Population zu bestimmen, das mitunter durch verschiedene Schichten, das Verhältnis von Altersgruppen und Geschlechtern usw. dominiert wird. Eine weitere Variante, Repräsentativität zu sichern, stellt die Auswahl auf Basis einer Zufallsstichprobe dar, die wir im Folgenden genauer betrachten werden.

2.3.1 Gelegenheit oder Zufall?

Wenn wir für eine Untersuchung eine Auswahl an Personen treffen müssen, dann ist es entscheidend, wie Sie an diese Personen herantreten. Stellen Sie sich die Situation vor, dass Sie einen schriftlichen Fragebogen zum Thema „Lebensmittelvielfalt" erstellt und die Umfrage auf deutsche Discounter ausgerichtet haben. Sie könnten nun auf die Idee kommen, dass Sie sich zu einer bestimmten Zeit vor einen bestimmten Discounter stellen und alle Personen ansprechen, die aus dem Ausgang treten. Sie bitten diese, an Ihrer Umfrage teilzunehmen. Ist diese Art der Rekrutierung repräsentativ für die Population aller denkbaren Personen, die in Discountern Lebensmittel kaufen? Die Antwort lautet zunächst nein, weil es von vielen Faktoren bestimmt ist, sich zu einer definierten Zeit vor einem Discounter in einem bestimmten Stadtteil aufzuhalten. Sie treffen dort auf eine ausgewählte Klientel. Diese Faktoren könnte man kontrollieren, indem man sich vor unterschiedliche Discounter in unterschiedlichen Stadtteilen zu unterschiedlichen Zeiten vor den Ausgang stellt. Trotzdem würde die Antwort auf die Frage ein „Nein" bleiben. Warum?

Repräsentativ meint in der Statistik, dass jede Person aus der Population potenziell die gleiche Chance hat, in die Auswahl aufgenommen zu werden.

Versuchen wir, dies mit folgendem Beispiel zu vergegenwärtigen.

PRAXISBEISPIEL 2.3:

Sie suchen Personen für Ihre Umfrage zum Thema „erfolgreiches Studieren" und veröffentlichen einen Aufruf in einem Onlineforum für Studierende. Die ersten 30 Personen nehmen an Ihrer Umfrage teil. Bei einem solchen Vorgehen ist nicht nur relevant, wer wie häufig in Foren aktiv ist und Ihren Aufruf liest, sondern auch, dass alle Personen, die sich danach noch melden, keine Chance mehr haben, an Ihrer Umfrage teilzunehmen.

Wenn Sie Personen einfach so annehmen und untersuchen, wie sie Ihnen sprichwörtlich „über den Weg laufen", handelt sich um eine **Gelegenheitsstichprobe**. Diese Stichproben sind nicht vollwertig, weil nicht jede Person die gleiche Chance hat, teilzunehmen. Sie ergreifen als Forscher die Gelegenheit, müssen aber durch ein solches Vorgehen mit stärkeren Verzerrungen Ihrer Ergebnisse rechnen.

Besser ist es, eine **Zufallsstichprobe** zu ziehen. Der statistische Zufall gibt jeder Person aus der Population die gleiche Wahrscheinlichkeit, in die Stichprobe aufgenommen zu werden. Wenn Sie zufällig auswählen, besteht eine geringere Wahrscheinlichkeit für systematische Verzerrungen.

Denken Sie an die Rekrutierung zum Thema „Lebensmittelvielfalt". Hier ist es sinnvoller, Personen per Telefoninterview zu befragen. Im Idealfall geht den Telefoninterviews eine zufällige Generierung von Telefonnummern voraus. Es ist dann viel unwahrscheinlicher, einen verzerrenden Effekt zu erzielen, als wenn wir uns vor dem Ausgang eines Discounters positionieren. Wir könnten beispielsweise Personen erreichen, die nicht so häufig in einem bestimmten Discounter einkaufen, die aufgrund ihrer Arbeitszeiten eingeschränkt sind, die online bestellen usw. Nichtsdestotrotz ist es häufig schwierig für Forscher, die Kriterien einer Zufallsstichprobe einzuhalten, sodass Gelegenheitsstichproben gar nicht so selten auftreten.

2.3.2 Stichproben-Varianten

In Kapitel 2.3.1 haben wir von der Chance bzw. Wahrscheinlichkeit gesprochen, dass Personen in die Stichprobe aufgenommen werden. Diese Wahrscheinlichkeit sollte für Personen gleich hoch sein und kann durch Zufallsstichproben umgesetzt werden. Ein synonymer Begriff für „Zufallsstichprobe" ist die Bezeichnung „**probabilistische Stichprobe**". Für Ihre Schätzung macht es einen Unterschied, ob Sie auf eine probabilistische Stichprobenauswahl oder auf eine nicht probabilistische Auswahl zurückgreifen. Eine Gelegenheitsstichprobe stellt eine solche nicht probabilistische Stichprobe dar.

ÜBUNG 2.2:

Stellen Sie sich vor, dass Sie eine quantitative Studie zum Thema „Betriebliches Gesundheitsmanagement in Krankenhäusern" durchführen möchten. Wie würden Sie Personen auswählen, damit es einer Gelegenheitsstichprobe entspricht?

TIPP

Beziehen Sie in dieser Übung Ihre Lösungen der Aufgabe zur Selbstüberprüfung 1.2 mit ein. Sie wollen Mitarbeiter befragen. Wie erreichen Sie diese Mitarbeiter, wenn Sie nicht von einer Zufallsauswahl ausgehen und nicht darauf achten, dass jeder Mitarbeiter auch potenziell die Chance hat, an Ihrer Umfrage teilzunehmen?

Eine besondere Art der Gelegenheitsstichprobe stellt die **Quotenstichprobe** dar, die feste Quoten (z. B.: 10 % müssen Frauen der Altersgruppe 50–59 sein, 15 % Altersgruppe 60–69) für die Personenrekrutierung vorgibt. Ein Zufallsverfahren wird jedoch nicht angewandt.

PRAXISBEISPIEL 2.4:

Ein klassisches Beispiel für Quotenstichproben finden wir häufig in deutschen Innenstädten. Interviewer sprechen Sie an und bitten Sie um Teilnahme an einer Umfrage. In der Regel folgen sie einem festen Quotenplan, in dem das Marktforschungsinstitut vorab definiert hat, wie viele Frauen oder wie viele Personen in einer bestimmten Altersspanne relevant für die Befragung sind. Welche Personen die Interviewer ansprechen, folgt keinem Zufallsprinzip, sondern kann z. B. durch Faktoren wie Sympathie beeinflusst werden und damit die Befragungsergebnisse verzerren.

Bei nicht probabilistischen Stichproben läuft der Forscher Gefahr, dass systematische Auswahleffekte entstehen können. Wenn er die Wahl hat, ist eine Zufallsstichprobe daher stets besser für seine Forschung. Im Folgenden werden wir deshalb den Fokus auf probabilistische Stichproben legen.

2.3.3 Varianten von probabilistischen Stichproben

Eine probabilistische Stichprobe greift, wie Sie bisher erfahren haben, immer auf Zufallsauswahlen zurück. Jedoch kann diese Zufallsauswahl unterschiedlich gestaltet werden.

Beginnen wir mit der **einfachen Zufallsstichprobe**. Die einfache Zufallsstichprobe verlangt von Ihnen eine Liste einer möglichst eindeutig beschriebenen Population. Sie müssen im Beispiel der Umfrage bei Studierenden also alle Studierenden namentlich kennen. Aus dieser komplett beschriebenen Liste wählen Sie zufällig eine Anzahl an Personen aus, die an Ihrer Befragung teilnehmen sollen, und stellen Kontakt zu ihnen her.

Was ist der Vorteil, wenn Sie so vorgehen? Jede Person hat dieselbe Wahrscheinlichkeit, in Ihre Stichprobe aufgenommen zu werden. Befragungseffekte können Sie durch den Zufall besser kontrollieren.

Was ist der Nachteil eines solchen Vorgehens? Sie benötigen eine komplette Liste. Es kann sehr aufwendig sein, diese Liste zu erstellen, wenn sie nicht aus administrativen oder anderen Gründen schon vorliegt.

Denken wir zurück an unsere Untersuchung in Krankenhäusern: Sie müssten alle derzeit tätigen Mitarbeiter in Erfahrung bringen, daraus eine Auswahl zufällig treffen und dann eventuell (falls die Personen nicht teilnehmen möchten) nachziehen. Schauen Sie nochmals auf Ihre Lösungen der Übung 2.2. Erscheint Ihnen die Gelegenheitsstichprobe nicht viel schneller realisierbar? Was könnten wir tun, wenn keine komplette Populationsliste vorliegt? Wer kennt schon alle behandlungsbedürftigen Personen? Wer kennt schon alle Personen, die unter einer Depression oder unter Neurodermitis leiden? Was passiert, wenn wir Frauen und Männer untersuchen wollen, aber zufällig deutlich mehr Frauen als Männer auswählen?

In der letzten Frage spiegelt sich ein weiteres Problem wider: Neben der Schwierigkeit, die Population geeignet benennen und durchnummerieren zu können, liegt uns oft daran, bestimmte Verteilungen zu berücksichtigen. Wir wollen die Geschlechter- oder Altersverteilung repräsentativ in unserer Stichprobe abbilden – oder auch aktuelle Erkrankungszahlen.

Die Quotenstichprobe hat genau dies inhaltlich festgelegt, aber auf den Zufall verzichtet. Eine probabilistische Stichprobentechnik, die sich darauf beruft und mit dem Zufall verknüpft, stellt die **geschichtete Stichprobe** (auch **stratifizierte Stichprobe** genannt) dar. Diese Stichprobe zeichnet aus, dass Sie wissen, wie sich wahre Quoten in der Population verteilen. Sie müssen ebenfalls gute Kenntnisse über die Population besitzen und diese klar benennen, teilen sie aber in Schichten auf und ziehen erst anschließend eine Zufallsstichprobe aus den Schichten. Veranschaulichen wir das Vorgehen mit einem Praxisbeispiel.

PRAXISBEISPIEL 2.5:

Sie planen eine quantitative Umfrage zum Thema „Gewalt in Schulen“. Hierfür beschaffen Sie sich eine Liste aller Schulen bei den zuständigen Kultusministerien. Bevor Sie an die Schulen herantreten, kategorisieren Sie diese in die Schulformen Hauptschule, Realschule, Gymnasium und Förderschule. Sie wissen, wie stark die Schulen in Deutschland prozentual vertreten sind und wählen anschließend nach diesen Prozenten zufällig die Schulen aus, in denen Sie Schüler rekrutieren wollen.

Eine geschichtete Stichprobe stellt ein repräsentativeres Abbild dar, sobald von homogenen Kategorien ausgegangen werden kann. Bei der einfachen Zufallsstichprobe hätte zufällig eine Schulform stärker oder schwächer in der Stichprobe vertreten sein können. Durch die Anwendung einer geschichteten Stichprobe sichern Sie sich eine bessere Interpretation und Vergleichbarkeit Ihrer Ergebnisse.

Eine geschichtete Stichprobe sollte einer einfachen Zufallsstichprobe immer dann vorgezogen werden, wenn Sie eine bestimmte prozentuale Verteilung von Merkmalen (z. B. Geschlecht, Alter oder Schulform) für Ihre Forschungsfrage in der Population vermuten.

Eine Erweiterung der geschichteten Stichprobe stellt die **Klumpenstichprobe** (auch Cluster-Sample genannt) dar. Die Klumpenstichprobe nimmt an, dass bereits feste Häufungen, sogenannte Klumpen, in der Population vorliegen. Nun könnten Sie diese mit der Schicht gleichsetzen, jedoch gibt es wesentliche Unterschiede: Während in der geschichteten Stichprobenauswahl der Forscher selbst die Schichten definieren muss, geht die Klumpenstichprobe davon aus, dass die Schichten bereits natürlich vorgegeben sind. Ein weiterer Aspekt kommt noch hinzu: Es muss keine durchnummerierte Liste aller Personen oder Objekte vorliegen. Was könnten nun Klumpen sein und wie wird die Auswahl durchgeführt?

PRAXISBEISPIEL 2.6:

Sie planen eine quantitative Umfrage von Personenhaushalten. Sie beschaffen sich einen Gebäudeplan der Stadt. Alle Gebäude stellen für sich einen Klumpen dar. Sie wählen zufällig Gebäude aus. Diese Gebäudeklumpen werden anschließend komplett befragt, d. h. Sie suchen alle Personen in diesem Gebäude auf.

Wie in dem Beispiel ersichtlich wird, hat die Klumpenstichprobe den großen Vorteil, dass der Forscher weniger Aufwand betreiben muss. Dennoch entsteht auch ein Nachteil: Wenn der Forscher alle Personen in einem Gebäude befragt, dann ist es sehr wahrscheinlich, dass diese Personen einen gemeinsam geteilten Erfahrungshorizont besitzen. Übertragen wir dies auf Schulen, würde es bedeuten, dass es sehr wahrscheinlich ist, dass alle Schüler einer bestimmten Schule ähnliche Gewalterfahrungen in der Schule gemacht haben. Zumindest haben wir Annahmen dafür, dass sie einen bestimmten Einzugsort besitzen, der mit weiteren Aspekten zusammenhängen kann (z. B. finanzielle Situation der Eltern). Wir benötigen aber nicht unbedingt die Angaben aller Schüler einer Schule, sondern könnten daraus abermals eine Zufallsstichprobe ziehen. Sie könnten z. B. 50 von 1.200 Schülern einer Schule befragen, die Sie vorab als Klumpen gezogen haben. Zwei Zufallsauswahlen werden bei diesem Vorgehen hintereinandergeschaltet. Sobald Sie auf mehrere Zufallsauswahlen zurückgreifen, sprechen wir von einer **mehrstufigen Stichprobe**.

2.3.4 Eine Frage der Größe

Bei quantitativen Stichprobenziehungen sollte natürlich, genau wie bei qualitativen Stichprobenziehungen, darauf geachtet werden, dass ein möglichst repräsentatives inhaltliches Abbild der wahren Situation entsteht. Während der qualitative Forscher eine theoretische Auswahl durchführt, beruft sich der quantitative Forscher neben theoretischen Abwägungen auf Zufallsauswahlverfahren.

Wie groß aber sollte eine Stichprobe in quantitativen Studien sein? Reicht es aus, 2.000 von Millionen wahlberechtigten Bürgern zu befragen? Benötigen wir 10, 30 oder 100 Studierende einer Hochschule, um eine Aussage über die Studienzufriedenheit aller Studierenden zu treffen?

Wir wollen einen möglichst zuverlässigen Schluss von unserem Stichprobenergebnis auf die Population durchführen. Daher ist die Kalkulation der Größe der Stichprobe, die auch mit „n" bezeichnet wird, sehr wichtig. Die **Stichprobengröße** beeinflusst nämlich die Schätzgenauigkeit in quantitativen Studien.

Nehmen wir an, wir untersuchen 10 von insgesamt 10.000 Studierenden einer Hochschule. Was könnte dann passieren? Die Wahrscheinlichkeit, dass wir tatsächlich Unterschiede zwischen den Einschätzungen der Studierenden in unserem Fragebogen finden, ist sehr gering. Würden wir mehr Studierende befragen, würde sich eine bessere Schätzung ergeben. Schauen Sie sich dies anhand des nachfolgenden Beispiels genauer an.

PRAXISBEISPIEL 2.7:

Die zehn Studierenden haben bei einer bestimmten Frage, die fünf Antwortkategorien hat, im Durchschnitt den Wert 2 angekreuzt. Die Antworten sind 4, 1, 1, 2, 3, 2, 2, 1, 2, 2 (Summe = 20). Der Mittelwert 2 ist immer dann ein guter Repräsentant, wenn möglichst wenig durchschnittliche Abweichungen von ihm vorliegen, d. h., wenn das Antwortverhalten der Personen sich um diesen Mittelwert zentriert. Die durchschnittliche Abweichung vom Mittelwert wird Standardabweichung genannt. Würde man 100 Studierende befragen (n = 100), steigt die Wahrscheinlichkeit an, dass sich Werte stärker um den Mittelwert zentrieren. Würden wir den Mittelwert nicht kennen und ihn auf Basis einer Stichprobe für die Population schätzen, bedeutet das, dass eine Schätzung mit einem größeren n genauer wird.

Das oben genannte Beispiel bezieht sich auf zentrale Konzepte der Statistik (Mittelwert, Standardabweichung, Gesetz der großen Zahlen und zentraler Grenzwertsatz), die Sie in Lehrbüchern der Statistik weiter vertiefen können. Lassen Sie uns an dieser Stelle kurz die Begriffe zusammenfassen:

- **Mittelwert**: durchschnittlicher Wert (Summe aller Werte geteilt durch die Anzahl der Werte)
- **Standardabweichung**: durchschnittliche Abweichung aller Werte vom Mittelwert (Quadratwurzel aus der Varianz)

- **Gesetz der großen Zahlen**: beschreibt das Phänomen, einem wahren Wert in der Population immer näher zu kommen, je mehr Personen oder Objekte aus dieser Population man untersucht
- **Zentraler Grenzwertsatz**: Ab einer Stichprobengröße von n = 30 nähert sich eine Verteilung der Normalverteilung an (die Summe vieler unabhängiger Zufallsvariablen verteilt sich normal, egal welche Ausgangsverteilung die Zufallsvariable hat).

Die letztgenannten statistischen Gesetzmäßigkeiten veranschaulichen wir wieder mit einem Beispiel.

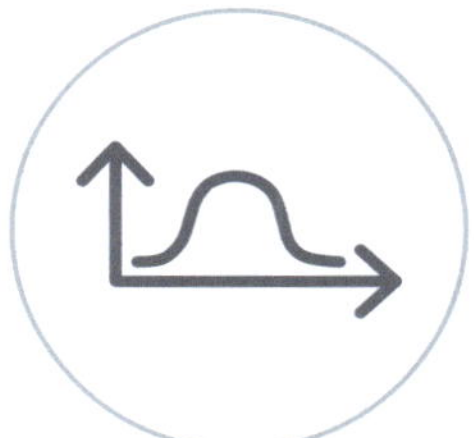

Normalverteilung

PRAXISBEISPIEL 2.8:

Sie spielen mit einer Person „Mensch ärgere Dich nicht". Sie würfeln und warten darauf, endlich eine Sechs zu würfeln. Sie wissen, dass es eigentlich ein faires Spiel ist, weil die Wahrscheinlichkeit, eine Sechs zu würfeln, gleich wahrscheinlich ist wie die, ein anderes Augenpaar zu würfeln. Dennoch sind Sie frustriert, weil die Sechs sich nicht so schnell einstellt.

Statistisch betrachtet: Es besteht eine Gleichverteilung von 1/6. Diese Gleichverteilung zeigt sich aber erst, wenn Sie hinreichend oft würfeln; nicht nach drei Würfen, nicht nach zehn Würfen, oft erst nach Hunderten von Würfen. Das Gesetz der großen Zahlen besagt also, dass erst nach einer Vielzahl von Würfen mit einem Würfel und einer Abtragung der Wahrscheinlichkeiten sich gesetzmäßig eine Gleichverteilung ergibt.

Nun würfelt Ihr Spielpartner. Sie kommen zu dem Schluss, dass der Würfel Ihres Spielpartners und Ihr Würfel zwei völlig unabhängige, faire Zufallsvariablen sind. Sie fragen sich, wie die Wahrscheinlichkeit für eine bestimmte Augenpaarsumme aussehen könnte. Sie würfeln gemeinsam und addieren immer das Augenpaar Ihres Spielpartners mit Ihrem Augenpaar. Das machen Sie 30-mal. Sie stellen dann gesetzmäßig fest, dass es wahrscheinlicher ist, die Augenpaarsumme 7 als die Augenpaarsumme 2 oder 12 zu erhalten (aufgrund der Kombinationsmöglichkeiten), tragen Ihre Ergebnisse ein und sehen eine Normalverteilung (hohe Dichte in der Mitte mit wenig Dichte in den Randbereichen 2 und 12). Diese Gesetzmäßigkeit nennt sich zentraler Grenzwertsatz.

Wie wir in dem Beispiel erfahren konnten, ist es besser, auf eine größere Stichprobe zurückzugreifen, um Unterschiede und Effekte aufdecken zu können und möglichst präzise Schätzungen für die Population zu gewährleisten.

Sind wir aber auf der sicheren Seite, wenn wir einfach immer sehr viele Personen befragen? Die Antwort lautet: nein. Die Schätzstatistiken reagieren sehr sensibel darauf, wenn die Stichprobengröße zu groß ausfällt. Als Konsequenz entsteht ein Ergebnis, das einen Unterschied, Zusammenhang oder eine Veränderung für die Population annimmt. Ein solches Ergebnis nennen wir pauschal „**signifikant**". Mit einer sehr großen Stichprobe werden auch kleinste Unterschiede signifikant, auch wenn diese Unterschiede keinerlei Bedeutung (inhaltliche Relevanz) haben. Außerdem verschwenden Sie möglicherweise erhebliche Ressourcen, um eine Antwort zu erhalten, die Sie auch in einer viel kleineren Studie gefunden hätten.

Wenn Sie zu wenige Personen untersuchen, besteht hingegen die Gefahr, dass Sie Unterschiede, Zusammenhänge oder Veränderungen nicht entdecken können, obwohl diese tatsächlich vorhanden sind.

HINWEIS:
Wir werden auf diese besonderen Gefahren in Kapitel 9.2 noch detaillierter eingehen.

Für die Anwendung statistischer Methoden hat sich daher ein Verfahren etabliert, das notwendige Stichprobengrößen für die Beantwortung definierter Forschungsfragen vorab kalkuliert und so Forscher vor den genannten Fehlern bewahren kann. Das Verfahren nennt sich „Powerberechnung" bzw. Stichprobenumfangberechnung. Wir werden es an dieser Stelle nicht weiter vertiefen, es ist ebenfalls Bestandteil von Standard-Statistiklehrbüchern.

Zusammenfassung

Die Rekrutierung von Untersuchungspersonen muss anhand der Grundausrichtung der Methoden differenziert werden. So macht es einen Unterschied, ob Sie qualitativ oder quantitativ forschen.

In quantitativen Studien sind probabilistische Stichprobentechniken für die Schätzung von Stichprobenergebnissen in Bezug auf die zugrunde liegende Population besser geeignet. Zwar gelingt es dem Forscher nicht immer, eine umfassende Nummerierung der Population vorzunehmen, jedoch kann er durch konkretes Vorwissen eine bestmögliche Strukturierung (z. B. durch theoretisches Fachwissen zu Quoten) gewährleisten. Der Rückgriff auf nicht probabilistische Stichproben sollte immer gut begründet und im Vorfeld auf potenzielle Verzerrungen hin kontrolliert werden.

Eine Diskussion der Größe der Stichprobe ist immer bedeutsam, da auch sie einen Einfluss auf die Schätzgenauigkeit hat. Qualitativ Forschende sind von solchen Problemen jedoch nicht befreit, denn bei ihnen ist ebenfalls eine möglichst gute Auswahl bedeutsam. Diese Auswahl erfolgt theoretisch, Forschende müssen sich aber praktisch sehr gut auskennen und die Personen identifizieren können, die besonders wertvoll für die Untersuchung sind.

Oft endet der Forschungsprozess nicht bei einer einmaligen Rekrutierungsphase, sondern enthält mehrere Phasen, in denen Personen immer wieder neu ausgewählt werden. Ein solches Vorgehen sichert die theoretische Güte der Forschung, ist aber sehr aufwendig.

Aufgaben zur Selbstüberprüfung

AUFGABE 2.1:

In den vergangenen Kapiteln haben Sie sich bereits mit dem Thema „erfolgreiches Studieren" auseinandergesetzt. Sie wollen eine quantitative Studie realisieren und Teilnehmer rekrutieren.

a) Wie könnte die Rekrutierung aussehen, wenn Sie von einer Klumpenstichprobe ausgehen?
b) Wie könnte die Rekrutierung aussehen, wenn Sie von einer geschichteten Stichprobe ausgehen?

AUFGABE 2.2:

Vergleichen Sie die quantitative mit der qualitativen Rekrutierung, indem Sie Folgendes nennen:

a) drei Aspekte, die für beide Forschungsrichtungen in der Rekrutierung wichtig sind
b) drei Aspekte, die für eine qualitative Rekrutierung wichtig sind
c) drei Aspekte, die für eine quantitative Rekrutierung wichtig sind

3 Datenerhebungsmethoden

Wenn Sie dieses Kapitel bearbeitet haben, können Sie beschreiben, auf welche Methoden quantitative und qualitative Forscher zugreifen, wenn sie Daten erheben. Sie sind in der Lage, Varianten von schriftlichen Fragebögen sowie mündliche Interviewverfahren und Beobachtungsmethoden zu erläutern. Der Fokus des Kapitels liegt auf der Sammlung von Informationen. Die Auswertung und Interpretation der Daten sind davon noch losgelöst.

Während wir in den vorangegangenen Kapiteln die Fragestellung und die Rekrutierung im Rahmen des Forschungsprozesses genauer beleuchtet haben, wollen wir nun die Vielfalt an Datenerhebungsmethoden in quantitativer und qualitativer Forschung darstellen. Beginnen werden wir mit der Datenerhebungsmethode, die immer noch Platz eins in sozialwissenschaftlichen Forschungsstudien einnimmt, nämlich dem Fragebogen.

3.1 Schriftlicher Fragebogen

In der Wissenschaft wird die systematische Erfassung von Forschungsfragen in einem Fragebogen in Form von schriftlichen Selbstauskünften auch **Fragebogenmethode** genannt (vgl. Döring; Bortz, 2016, S. 398) und der quantitativen Forschung zugewiesen. Dabei werden sehr wichtige Kriterien für Fragebögen festgelegt, die sich sowohl auf die Formulierung der Fragen als auch auf die Formulierung der Antworten beziehen. Eine Grundvoraussetzung ist, dass die Fragen und auch die Antworten die Forschungsfrage sehr gut widerspiegeln und demzufolge geeignet operationalisiert sind (vgl. Kap. 1.4).

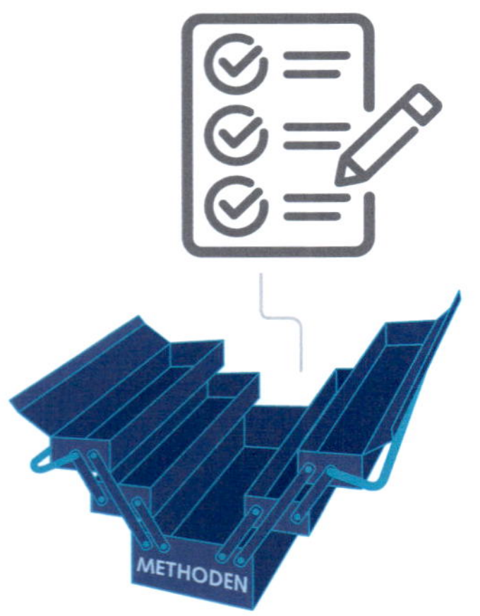

Fragen können auf vielfältige Arten formuliert werden. Ob es sich dabei um eine methodisch „gute" Frage handelt, bedarf einiger Definitionen (vgl. Lüdders, 2016, S. 39). Zunächst kann generell zwischen geschlossenen und offenen Fragen unterschieden werden. In der quantitativen Forschung fokussiert man sich – aus Gründen der Vergleichbarkeit in Form von Zahlenwerten – auf geschlossene Fragen. Es muss sich dabei im Fragebogen nicht zwangsläufig um eine Frage handeln, sondern der Satz kann auch als Aussage formuliert sein (statt „Wie schätzen Sie ... ein?" eher „Ich denke, dass ich ...").

Kommen wir nun zu den wichtigen Kriterien, um „gute" Fragen sicherzustellen. Wir können fünf Hauptfaktoren definieren (vgl. Lüdders, 2016, S. 44 ff.):

- Die Zielgruppe muss die Fragen verstehen können. Der Erfahrungs- und Wissenshorizont sollte also an die Befragten angepasst sein.
- Die Fragen sollten kurz und grammatikalisch einfach formuliert sein.
- Die Fragen sollten sich nur auf einen Sachverhalt beziehen und somit eindeutig sein.
- Hypothetische Fragen, die die Zielgruppe überfordern könnten, sollten vermieden werden.
- Fragen sollten frei von Suggestion sein und keine Bewertung enthalten, die den Befragten ein bestimmtes Antwortverhalten nahelegt.

Lassen Sie uns ein Praxisbeispiel für eine nicht eindeutige, für eine hypothetische und für eine suggestive Frage bzw. Aussage genauer betrachten.

PRAXISBEISPIEL 3.1:

Die Aussage „Ich bin oft müde und genervt" ist doppeldeutig, weil Sie die Müdigkeit bejahen, aber die Gereiztheit verneinen könnten – oder umgekehrt.

Die Frage „Wie würde sich Ihre Stimmung verändern, wenn Sie im Lotto gewinnen würden?" ist eine äußerst hypothetische Frage und besitzt keine prognostische Aussagekraft.

Die Frage „Die meisten Menschen sind glücklich. Wie schätzen Sie Ihren eigenen Glückswert auf einer Skala von 1 bis 10 ein?" ist suggestiv, da eine Abweichung von einem hohen Glückswert suggerieren würde, dass die Person von der Masse aller Menschen abweicht. Somit fühlt sich der Befragte eher dazu gedrängt, bei der Einschätzung einen hohen Wert anzugeben.

ÜBUNG 3.1:

Stellen Sie sich vor, dass Sie einen Fragebogen zum Thema „erfolgreiches Studieren" entwickeln möchten. Formulieren Sie zehn Fragen, die den Kriterien der guten Frageformulierung folgen.

TIPP

Nutzen Sie die Checkliste für gute Frageformulierung im Anhang.

Gute Fragen sind jedoch nichts wert, wenn die möglichen (vorgegebenen) Antworten dazu falsch formuliert sind. Schauen wir uns demnach die Kriterien für „gute" Antwortformulierung an (vgl. Lüdders, 2016, S. 54 ff.):

- Die Antworten sollten erschöpfend formuliert werden, d. h. die Anzahl und die Art der Antwortvorgaben entsprechen dem gesamten Antwortspektrum.
- Die Antwortvorgaben müssen sich gegenseitig ausschließen, d. h. sie grenzen sich inhaltlich voneinander ab.
- Die Antworten müssen eindeutig sein, d. h. die Befragten müssen alle Antwortvorgaben in gleicher Weise verstehen.
- Die Antwortvorgaben sollten die Frage gut abbilden.
- Die Anzahl der positiven und negativen Vorgaben in den Antworten muss in etwa übereinstimmen.

Lassen Sie uns die Sättigung der Antwortvorgaben, den gegenseitigen Ausschluss und die Anzahl an positiven und negativen Vorgaben anhand von Beispielen verdeutlichen.

PRAXISBEISPIEL 3.2:

Sie fragen nach dem Geschlecht und geben die Kategorien „männlich" und „weiblich" an. Diese Antwortvorgaben sind nicht erschöpfend, da mittlerweile das Geschlecht um die Kategorie „divers" ergänzt werden muss.

Die Antworten auf die Frage „Wie oft gehen Sie ins Fitnessstudio?" sind mit „0-mal im Monat", „1- bis 2-mal im Monat", „3- bis 4-mal im Monat", „wöchentlich", „mehrmals die Woche" nicht gut gewählt, da Befragte, die 3- bis 4-mal im Monat ins Fitnessstudio gehen, sich auch in der Kategorie „wöchentlich" verorten könnten, sofern der Monat vier Wochen hat.

Die Antworten auf die Frage „Wie zufrieden sind Sie mit Ihrem Studium?" sind nicht ausgewogen, wenn Sie „unzufrieden", „eher unzufrieden", „teils, teils", „zufrieden" vorgeben.

ÜBUNG 3.2:

Konstruieren Sie zu den zehn formulierten Fragen aus Übung 3.1 nun gute Antwortvorgaben.

Reflektieren Sie anschließend: Wie viele Antwortvorgaben haben Sie gewählt? Ist auch eine mittlere Antwort dabei, die keine Richtung vorgibt? Lesen Sie erst danach weiter.

TIPP

Nutzen Sie abermals die Checkliste aus der vorangegangenen Übung im Anhang.

Um Antwortvorgaben noch gut differenzieren zu können, geht man bei erwachsenen Personen davon aus, dass sie bis zu sieben Antworten gut voneinander unterscheiden können. Denken Sie beispielsweise an die Glücksskala von 1 bis 10 aus Praxisbeispiel 3.1. Es könnte für den Befragten hier bereits schwierig sein, Unterschiede in den Antworten beispielsweise zwischen 7, 8 und 9 ausfindig zu machen.

Entscheiden Sie sich für eine gerade Anzahl an Antworten, bedeutet das, dass keine neutrale Mitte enthalten ist. Sie zwingen somit die Befragten, eine Position zu vertreten. Für die anschließende statistische Auswertung ist der Verzicht auf eine neutrale Mitte von Vorteil, da Sie nicht überlegen müssen, was diese Antwort als Zahlenwert repräsentiert. Die neutrale Mitte hätte auf einer Skala von 1 bis 5 den Wert 3 (z. B. mit „teils, teils" benannt). Aber ist 3 tatsächlich größer als 1 und 2, wenn es doch nur bedeutet, dass Personen sich nicht entscheiden können? Sie wissen zudem nicht, ob die Person sich nicht entscheiden kann oder ob sie sich tatsächlich in der Mitte verortet. Die Schlussfolgerung hierzu lautet daher: Sie müssen als Forschende/-r selbst entscheiden, ob Sie eine neutrale Mitte befürworten oder nicht. Ein Richtig oder Falsch gibt es an dieser Stelle nicht.

Sie haben noch eine weitere Wahl: Antworten besitzen einen großen Vorgabenspielraum, der die Skalierung betrifft.

HINWEIS:

Sie werden die zentralen quantitativen Skalen und Ratingskalen in Kapitel 5 noch besser kennenlernen.

Lassen Sie uns an dieser Stelle erst einmal mit dem grundlegenden Aufbau des Fragebogens fortfahren und dies mit der Paper- und Pencil-Befragung sowie mit der Online-Befragung verknüpfen.

HINWEIS:

Falls Sie noch mehr über die Frage- und Antwortformulierung mit Beispielen erfahren möchten, können Sie dies im Methodenbuch *„Fragebogen- und Leitfadenkonstruktion. Ein Handbuch für Studium und Berufspraxis"* von Lüdders (2016) im Kapitel 2 „Gute Frage? Gute Frage und Antwort" (S. 36–78) nachlesen.

3.1.1 Paper-und-Pencil-Variante

Unter einer **Paper-und-Pencil-Befragung** wird eine Befragung auf Basis eines ausgedruckten Fragebogens verstanden, den die Befragten handschriftlich ausfüllen. Die Befragung kann persönlich (vor Ort) oder postalisch erfolgen:

- Wenn möglich, sollten Forschende (oder Studienpersonal allgemein) anwesend sein, sodass eine persönliche Befragung erfolgen kann. Auf diese Weise können die Rahmenbedingungen der Befragung besser kontrolliert und verzerrende Effekte (z. B., dass Befragte beim Ausfüllen abgelenkt werden) vermieden werden. Jedoch ist damit auch ein hoher zeitlicher und personeller Aufwand verbunden.
- Bei der postalischen Befragung kann der Forscher abwarten, bis die Fragebögen bei ihm eingehen, jedoch müssen die potenziell zu Befragenden ausführlich vorab informiert werden. Sie erhalten ein Anschreiben und Instruktionen zum Fragebogen, ggf. müssen sie auch erinnert werden.
- Die Rücklaufquoten sind bei postalischen Befragungen geringer als bei Paper-und-Pencil-Befragungen. Die Befragten müssen zusätzlichen Aufwand betreiben, um die Befragung eigenhändig zurückzusenden.
- Dies ist ein wichtiger Punkt bei der Befragung: Sie sollten die Befragten sehr gut informieren, klare Ausfüllhinweise geben und auch ein formales Anschreiben verfassen (vgl. Lüdders, 2016, S. 16 ff.).

Anschreiben

Beginnen wir mit dem **Anschreiben.** Ein gutes Anschreiben sollte aus Sicht der Befragten folgende Fragen klären (vgl. Lüdders, 2016, S. 90 f.):

1. „Wer schreibt mich an?“: Die Angabe des vollständigen Namens und der Forschungsinstitution ist Pflicht. Die Befragten haben so die Möglichkeit, Kontakt mit den Forschenden aufzunehmen.
2. „Was will der Forschende von mir?“: Der Forschende sollte bereits in der Betreffzeile und danach sehr früh in seinem Anschreiben auf Ziel und Zweck seiner Forschungsstudie zu sprechen kommen. Dabei kann er die Bedeutsamkeit

seiner Studie besonders betonen und ggf. bekannte und respektierte Beteiligte und Kooperationspartner (z. B. Hochschulen) nennen. Ein solches Vorgehen ist ein Kennzeichen für eine vertrauenswürdige Forschung und eine relevante wissenschaftliche Fragestellung, bei der es sich lohnt, mitzuwirken.

3. „Warum ich?“: Viele Befragte stellen sich die Frage, warum gerade sie für eine Befragung angeschrieben wurden. Auch spielen dabei datenschutzrechtliche Aspekte eine Rolle: Wie ist der Forschende an meine persönliche Adresse (Post- oder E-Mail-Adresse) gekommen? Der Forschende sollte diese Fragen beantworten und erklären, dass die Daten beispielweise aus einem Online-Access-Panel, aus einem Hochschuladressverteiler, aus dem Telefonbuch oder aus Einwohnermeldedaten stammen und regelkonform eingeholt wurden. Den Befragten sollte glaubhaft vermittelt werden, dass ihre Antworten von entscheidender Wichtigkeit für die Forschung sind. Mitunter können auch persönliche Verbindungen zwischen den Befragten und der Fragestellung gezogen werden, wenn z. B. die Erwartung besteht, dass die Beantwortung der Forschungsfrage auch im persönlichen Interesse des Befragten liegt.

4. „Wie wird mit meinen Daten umgegangen?“: Forschende sollten absolute Vertraulichkeit der Daten zusichern. Manche Fragebögen sind mit Identifikationsnummern ausgestattet. Diese sollten den Befragten kurz erklärt und ihnen sollte garantiert werden, dass keine Verbindung zu ihren persönlichen Daten besteht. Wenn es den Forschenden möglich ist, sollten sie den Befragten anbieten, später Einsicht in einen Kurzbericht über die Ergebnisse nehmen zu können. Auch ein Hinweis auf Einhaltung aller gesetzlichen Vorgaben des Datenschutzes kann sinnvoll sein.

5. „An wen kann ich mich wenden?“: Die Möglichkeit, Fragen zu stellen, sollte explizit betont werden. Der Forschende nennt hierfür eine Kontaktadresse, Hotline o. Ä. für den Befragten.

6. „Wie viel Aufwand habe ich mit der Befragung?“: Die Dauer der Befragung sollte im Anschreiben genannt werden, sodass der Befragte den zeitlichen Rahmen erkennt. Es sollte auch eine Deadline zur Beantwortung und Rücksendung angegeben werden.

Abschließend sollte der Befragte nochmals aufgefordert werden, an der Befragung teilzunehmen, dabei ist aber immer die Freiwilligkeit zu betonen. Ein Dank und eine Unterschrift des Forschers runden das Anschreiben ab. Die Fragebogenanleitung mit den Bearbeitungshinweisen kann dann folgen.

Die beschriebenen Schritte müssen nicht zwangsläufig in dieser Reihenfolge stattfinden. Jedoch ist es durchaus sinnvoll, die Schritte 1 bis 4 in dieser Abfolge einzuhalten. Die Angaben müssen nicht durch ein Anschreiben erfolgen, sondern können auch als Deckblatt in den Fragebogen integriert werden.

Gestaltung

Sobald Befragte von Ihrer Studie überzeugt sind, schlagen sie Ihren Fragebogen auf. Die Instruktionen zum Ausfüllen des Fragebogens müssen dann eindeutig dargestellt werden. Standardmäßig weisen Forschende darauf hin, dass der Befragte die Antwort auswählen soll, die ihn am besten repräsentiert. Sollten Antwortvorgaben dabei sein, die mehrere Antwortmöglichkeiten erlauben oder erfordern, weist der Forschende ebenfalls darauf hin. Sollten Freitextantworten im Fragebogen möglich sein, wird zumeist darum gebeten, dass in Druckbuchstaben geschrieben wird. Sollte sich das Antwortformat ändern (z. B. Folgefragen), gibt der Forschende dies ebenfalls an.

HINWEIS:

Folge- und Filterfragen werden Sie im nächsten Kapitel „Online-Befragung“ (Kap. 3.1.2) näher kennenlernen.

Vorher bitten wir Sie, Ihr bisher erworbenes Wissen praktisch anzuwenden.

ÜBUNG 3.3:

Schreiben Sie ein Anschreiben (maximal eine Seite) für eine Stichprobe aus Ihrer Zielgruppe zum Thema „erfolgreiches Studieren“. Ziel ist, die potenziell zu Befragenden von einer Teilnahme zu überzeugen.

TIPP

Auch diese Übung bezieht sich auf die vorherigen Übungen. Das Anschreiben muss kein vorgegebenes Layout haben, sondern kann auch per E-Mail verschickt werden. Beachten Sie bei dieser Übung alle wichtigen Kriterien und reflektieren Sie stets, ob Sie Ihr Anschreiben überzeugen würde. Sie können es einer Person aus Ihrem Umkreis vorlegen und eine Einschätzung einholen, ob das Anschreiben überzeugt.

HINWEIS:

Falls Sie mehr über Fragebogenkonstruktion und Anschreiben mit Beispielen erfahren möchten, können Sie dies im Methodenbuch *„Fragegebogen- und Leitfadenkonstruktion. Ein Handbuch für Studium und Berufspraxis"* von Lüdders (2016) im Kapitel 3 „Konstruktion eines Fragebogens" (S. 87–94) nachlesen.

3.1.2 Online-Variante

Online-Befragungen sind mittlerweile ebenfalls eine sehr beliebte Variante, schriftliche Befragungen umzusetzen. Sie sind durch eine besondere Art der Rekrutierung von Teilnehmern gekennzeichnet. So können Personen aktiv für die Umfrage geworben werden, indem sie einen personalisierten Link mit einem Passwort erhalten. Sie können auch passiv angesprochen werden, indem sie eigenständig auf Links im Internet klicken, die beispielsweise in sozialen Netzwerken geteilt werden. Im letzteren Fall handelt es sich um „Zufall", dass die Personen tatsächlich diesen Link sehen und aufrufen.

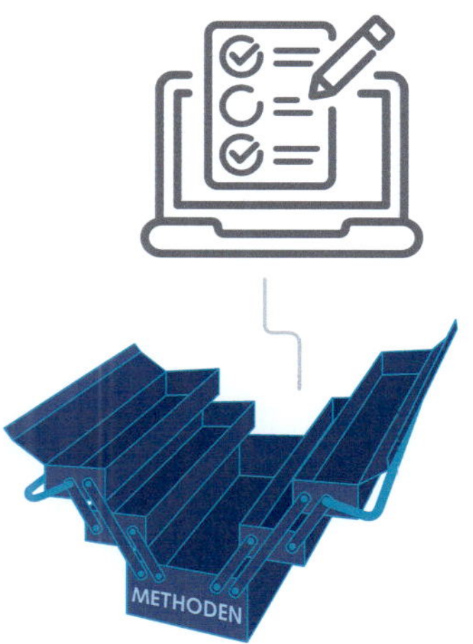

Somit sind Online-Befragungen, statistisch betrachtet, selten repräsentativ, weil die Kontrolle über die Befragungssituation fehlt und Zufallsstichproben nur durch eine aktive Rekrutierung realisiert werden können.

Eine weitere Möglichkeit, Zugang zu potenziell zu Befragenden herzustellen, bieten **Online-Access-Panels**. Personen, die gerne an Online-Befragungen teilnehmen, können sich registrieren und ihre soziodemografischen Daten hinterlegen. Auf Basis dieser Daten können Forscher dann Personen auswählen und diese aktiv werben.

Problematisch ist bei einem solchen Vorgehen jedoch, dass diese Personen durch bestimmte Eigenschaften und ein Antwortbias gekennzeichnet sein könnten. Sind es besondere Personen, die ihre Daten hinterlegen und gerne an Online-Befragungen teilnehmen? Sind es Personen, die einer bestimmten Schicht oder einem bestimmten Geschlecht und Alter angehören? Die Antwort hierauf lautet: ja. Es zeigt sich beispielsweise, dass sich vermehrt junge und höher gebildete Personen in Online-Access-Panels registrieren (vgl. Döring; Bortz, 2016, S. 403).

Vorteile der Online-Variante sind die nationale und internationale Erreichbarkeit der Befragten, die schnelle Durchführung und die Kopplung der Datenerfassung mit einer Software, die die anschließende Datenauswertung erleichtert (vgl. Lüdders, 2016, S. 23 f.).

Eine Erweiterung der Online-Variante stellt die **mobile Befragung** durch Smartphones und Tablets dar, die mittels Apps noch interessanter gestaltet werden kann. Dieser Ansatz gewinnt erst allmählich an Bedeutung.

Obwohl eine Online-Befragung viele Designmöglichkeiten eröffnet, sollte auf zu viele Animationen und Grafiken verzichtet werden. Wie sich die grafischen und audiovisuellen Optionen auf die Online-Variante auswirken, ist noch nicht hinreichend erforscht (vgl. Lüdders, 2016, S. 97).

Der Fragebogen ist oft das zentrale Forschungsinstrument und sollte daher sehr gut strukturiert sein. Bei einem schriftlichen Fragebogen sollten die Reihenfolge und die Art der Fragen gut durchdacht sein. Differenziert werden folgende Arten von Fragen (vgl. Lüdders, 2016, S. 46):

1. **Einleitungsfragen** wecken das Interesse des Befragten und sind leicht zu beantworten.
2. **Übergangsfragen** (auch Pufferfragen genannt) führen in neue Themen ein, lockern die Atmosphäre zwischen wechselnden Themenblöcken auf und sind ebenfalls leicht zu beantworten.

3. **Filterfragen** wählen Personen aus, die dann weitere Fragen zu dem gestellten Thema beantworten sollen.
4. **Folgefragen** befassen sich mit der Erforschung einzelner Aspekte aus vorangegangenen Fragen.
5. **Schlussfragen** enthalten die demografischen Daten und oft auch Fragen, die sensible Bereiche ansprechen, in Deutschland z. B. oftmals das persönliche oder Haushaltseinkommen.

Lassen Sie uns die Abgrenzung einer Filter- von einer Folgefrage anhand eines Beispiels betrachten.

PRAXISBEISPIEL 3.3:

Die Frage „Sind Sie Student der Gesundheitswissenschaften? Wenn ja, dann gehen Sie zum Fragenkomplex 2 weiter. Wenn nein, dann gehen Sie bitte zu Fragenkomplex 3 weiter" ist eine Filterfrage.

Die Frage „Sind Sie Student der Gesundheitswissenschaften? Wenn ja, welche Studienmodule finden Sie besonders interessant?" ist eine Folgefrage.

ÜBUNG 3.4:

Betrachten Sie nochmal Ihre Fragen und Antworten zum „erfolgreichen Studieren" aus den vorangegangenen Übungen.

- Wie würden Sie die Fragen im Fragebogen positionieren? Geben Sie die Reihenfolge an.
- Gibt es verschiedene Themenbereiche? Falls ja, entwickeln Sie geeignete Übergangsfragen.
- Entwickeln Sie ebenfalls eine neue Frage, die eine Folgefrage und eine neue Frage, die eine Filterfrage darstellt.
- Zu den Fragen ergänzen Sie bitte „gute" Antwortvorgaben.

TIPP

Sie können diese Übung nur lösen, wenn Sie die Übungen 3.1 und 3.2 bearbeitet haben. Fragebögen sollten in inhaltliche Themenbereiche gegliedert werden. Gibt es bei Ihren Fragen unterschiedliche Unterthemen, dann fassen Sie diese Fragen als einen Block zusammen. Nehmen Sie beim Übergang die Befragten an die Hand. Ein allgemeines Beispiel könnte sein: „Nun folgen einige Aussagen zum Thema XY, die XY genauer betrachten."

Die Positionierung der Fragen in einem schriftlichen Fragebogen ist von großer Bedeutung, da Personen durch erste Fragen in der Beantwortung aller folgenden Fragen nicht nur positiv (durch Wecken des Interesses und Übergangsfragen), sondern auch negativ (durch sensible Fragen zu Beginn und eine schlechte Struktur) beeinflusst werden können.

HINWEIS:

Sollten Sie selbst demnächst eine Online-Befragung planen, sei darauf verwiesen, dass Sie auf viele kostenfreie und kostenpflichtige Softwareprogramme zur Konstruktion und Auswertung zurückgreifen können. Ein Beispiel ist das für Studierende kostenfrei zu nutzende SoSci-Befragungstool (https://www.soscisurvey.de).

Falls Sie noch mehr über die Online-Befragung und den Aufbau von schriftlichen Fragebögen mit Beispielen erfahren möchten, können Sie dies im Methodenbuch *„Fragebogen- und Leitfadenkonstruktion. Ein Handbuch für Studium und Berufspraxis"* von Lüdders (2016) im Kapitel 3 „Konstruktion eines Fragebogens" (S. 79–87 und S. 95–99) nachlesen.

3.2 Mündliches Interview

Unter einer mündlichen Befragung wird in der Regel das persönliche Interview (auch **Face-to-Face-Interview** genannt) verstanden, das der qualitativen Forschung zugeordnet wird. Persönliche Interviews haben das Ziel, Befragte in einen Erzählfluss zu bringen und ihnen individuelle Informationen zu entlocken, weshalb eine vertraute Atmosphäre zwischen Forscher und Interviewten besonders wichtig ist.

Unter mündlichen Interviews können jedoch auch **Telefonbefragungen** verstanden werden, die eher in der quantitativen Forschung Anwendung finden und dann feste Antwortvorgaben für die Interviewten umfassen.

Es kommt somit darauf an, wie strukturiert bzw. standardisiert das mündliche Interview aufgebaut ist. Lassen Sie uns den Grad der Strukturierung mit ausgewählten Interviewmethoden genauer betrachten.

3.2.1 Strukturiertes Interview

Ein **strukturiertes Interview** (auch standardisiertes Interview genannt) ist durch vorgegebene Antwortmöglichkeiten charakterisiert. Nicht nur die Formulierung der Fragen und Antworten, sondern auch die Reihenfolge der Fragen kann festgelegt sein.

Telefonbefragungen fallen häufiger unter diesen Grad der Strukturierung. Bei Telefonbefragungen ist insbesondere auf die Zeit zu achten. Strukturierte Interviews sollten nicht länger als zehn Minuten dauern, hinzu kommen noch wenige Minuten für Begrüßung, Vorstellung und Verabschiedung des Interviewers (vgl. Döring; Bortz, 2016, S. 392).

Nehmen wir an, Sie rufen Personen zufallsbasiert an und möchten diese von Ihrer Umfrage überzeugen. In diesem Fall müssen Sie zwangsläufig sehr viel Einfühlungsvermögen und „Motivationsgeschick“ mitbringen. Es können nämlich verschiedene Probleme auftreten, die sich seltener in persönlichen Face-to-Face-Interviews zeigen.

So ist die Distanz zwischen Forschenden und potenziell zu Beforschenden größer und eine Verweigerung der Teilnahme an einer Telefonbefragung häufiger.

Wie können wir mit solchen Situationen umgehen? Neben der Erläuterung der Punkte im Anschreiben (Kapitel 3.1.1) sollten Sie zuallererst den Grund für die Nichtteilnahme erfragen. Nennt die Person Zeitmangel, ist sie unsicher oder hat sie einfach keine Lust? Bei Ersterem empfiehlt es sich, die Frage nach einem neuen Termin zu stellen und sich den Wünschen der Person anzupassen. Wenn die Person zögert, könnten Sie darauf verweisen, dass es sich nur um wenige Fragen handelt und dass sie jederzeit abbrechen kann. Sie könnten fragen, ob die Person damit einverstanden ist, wenn Sie mit den ersten Fragen beginnen und sie dann entscheidet, ob sie weitermachen möchte. Wenn die Person keine Teilnahmebereitschaft äußert, dann akzeptieren Sie dieses Nein und rufen die nächste Person an. Ein Einlassen auf die Befragung ist wichtig, denn es bringt Sie nicht weiter, wenn Interviewte nur teilnehmen, um das Gespräch schnellstmöglich zu beenden und dadurch kaum durchdachte oder im schlechtesten Fall falsche Antworten geben.

Wenn Personen sich bereiterklären und authentisch antworten möchten, sollte der Interviewer Folgendes beachten: Da den Interviewten der Fragebogen nicht vorliegt, sollten nur wenige Antwortvorgaben angeboten und diese selten gewechselt werden, da sie in Erinnerung gehalten werden müssen (ggf. müssen Antworten und Fragen wiederholt werden). Interviewte können zudem spontan nachfragen. Der Interviewer darf dann keinen suggestiven Einfluss ausüben oder weitere Informationen liefern, sondern muss sich an die strukturierten Vorgaben halten.

3.2.2 Teilstrukturiertes Interview

Das **teilstrukturierte Interview** (auch halbstandardisiertes Interview genannt) verwendet zwar Fragen, die auch variabel eingesetzt werden können, verzichtet jedoch auf Antwortvorgaben. Solche Interviews werden auch als **Leitfadeninterviews** bezeichnet, d. h. ein roter Faden liegt zwar vor, kann aber in der Interviewsituation durchaus Änderungen unterworfen sein. So kann es sein, dass nicht alle Fragen gestellt werden oder weitere besondere Aspekte beim Interviewten in den Vordergrund treten, die der Interviewer bisher nicht bedacht hat.

Das teilstrukturierte Interview ist ein Paradebeispiel für die qualitative Forschung, die durch den Einsatz einer solchen Datenerhebungsmethode Fragen nicht nur deduktiv stellt, sondern sich für den Prozess der Induktion öffnet (vgl. Kap. 1.3).

Unter Leitfadeninterviews werden viele Interviews subsumiert, die mit einem Leitfaden arbeiten. So fallen beispielsweise das Experteninterview, das fokussierte Interview oder auch das problemzentrierte Interview darunter:

- Das **Experteninterview** gemäß Meuser und Nagel (1991) richtet die Zielgruppe auf Personen aus, bei denen für den Interviewer ein fachliches Interesse besteht. In der Regel werden Interviewpartner in ihren beruflichen Kontexten befragt und ihr Fachwissen steht im Vordergrund.
- Das **problemzentrierte Interview** nach Witzel (1982) richtet sich dagegen an soziologisch orientierten Fragen aus. Die Wirkung von gesellschaftlichen Strukturen auf Individuen und ihre Lebensläufe steht im Fokus.
- Das **fokussierte Interview** nach Merton und Kendall (1979) setzt einen bewussten Gesprächsanreiz durch einen Stimulus. Ein Foto, ein Bild, ein Videoausschnitt usw. können dabei als Grundlage für das Gespräch gesehen werden und der Leitfaden wird danach ausgerichtet.

HINWEIS:
Die Vielfalt an Leitfadeninterviews ist groß und jedes Interview definiert eigene Besonderheiten und Regeln für den Interviewer, die an dieser Stelle nicht umfassend dargestellt werden können. Für weiterführende Informationen sei auf das Literaturverzeichnis mit den Originalquellen verwiesen.

Alle Leitfadeninterviews setzen eine persönliche Situation im Angesicht des Interviewten voraus. Der Forscher kann sich zwar an seinen Fragen orientieren, muss sich jedoch flexibel auf den Interviewten einstellen und – noch während des Interviews – stets prüfen, welche Frage sinnvoll als Nächstes gestellt werden kann. Oft entwickelt er ad hoc neue Fragen, die sich auf bereits gesagte Inhalte des Interviewten beziehen. Nichtsdestotrotz gelten die Regeln für eine gute Frageformulierung auch in mündlichen Interviews (vgl. Kap. 3.1.1). Bevor wir fortfahren, halten Sie kurz inne und bearbeiten Sie bitte die folgende Übung.

ÜBUNG 3.5:

Überlegen Sie sich, wie Sie selbst am besten motiviert werden könnten, an einem Interview teilzunehmen. Was ist für Sie wichtig? Was wäre Ihnen angenehm und was eher nicht?

TIPP

Bei dieser Übung sind sowohl Faktoren der Ansprache und der Überzeugung des Interviewers zu bedenken als auch Faktoren, die Sie während des Interviews als angenehm empfinden würden.

3.2.3 Unstrukturiertes Interview

Im Hinblick auf die in Kapitel 3.2.2 bereits genannte Öffnung des Gesprächsprozesses zugunsten des Interviewten gibt es auch die Möglichkeit, Interviews komplett unstrukturiert umzusetzen. Ein **unstrukturiertes Interview** (auch unstandardisiertes Interview genannt) möchte Erzählungen anregen und orientiert sich somit nicht (oder zumindest nicht sehr präzise) an einem Leitfaden.

Das von Schütze (1983) entwickelte **narrative Interview** fällt in diese Kategorie. Insbesondere in der Biografieforschung kommt es zur Anwendung. Der Interviewer möchte möglichst viel von der befragten Person und ihrem individuellen Leben erfahren. Er möchte sie zu Erzählungen anregen und, sollte die Erzählung ins Stocken geraten, abermals in einen Erzählfluss bringen. Der Interviewer macht sich währenddessen Notizen und kommt erst im späteren Verlauf wieder darauf zurück.

Beim Leitfadeninterview würde der Interviewer bei zu starken Abweichungen vom Thema intervenieren und die Person wieder auf den Leitfaden hin ausrichten, während in einem unstrukturierten Interview genau dieser offene Prozess von Bedeutung ist. Eine Person erzählt nur das von sich, was von Bedeutung ist (so die implizite Annahme). Ein Beispiel für eine narrative Eingangsfrage finden Sie nachfolgend.

PRAXISBEISPIEL 3.4:

Die Eingangsfrage „Sie sind Studierender der Gesundheitswissenschaften. Wie kam es dazu, dass Sie sich für ein solches Studium entschieden haben? Mich interessieren alle Aspekte, die für Ihre Entscheidung relevant waren" soll zu Erzählungen anregen.

Der große Vorteil der Offenheit des Interviews bringt auch Nachteile mit sich. So können in dieser Interviewvariante (aber auch in anderen Varianten) besonders viele Interviewfehler auftreten, die Sie in Kapitel 9.3 noch genauer kennenlernen werden.

HINWEIS:

Wenn Sie noch mehr über Interviews und den Aufbau von Leitfäden mit Beispielen erfahren möchten, können Sie dies im Methodenbuch *„Fragebogen- und Leitfadenkonstruktion. Ein Handbuch für Studium und Berufspraxis"* von Lüdders (2016) im Kapitel 4 „Konstruktion eines Leitfadens" (S. 117–133) nachlesen.

3.2.4 Gruppendiskussion

Die bisher genannten Interviewvarianten (vgl. Kap. 3.2.1 bis 3.2.3) legen ihren Fokus auf Einzelinterviews, d. h. eine Person wird einzeln interviewt. Nun könnte man jedoch auch daran interessiert sein, eine Gruppe zu befragen. Innerhalb dieser Gruppe könnten sowohl Verhaltensweisen als auch verschiedene Einstellungen zu einem Thema eine Rolle spielen.

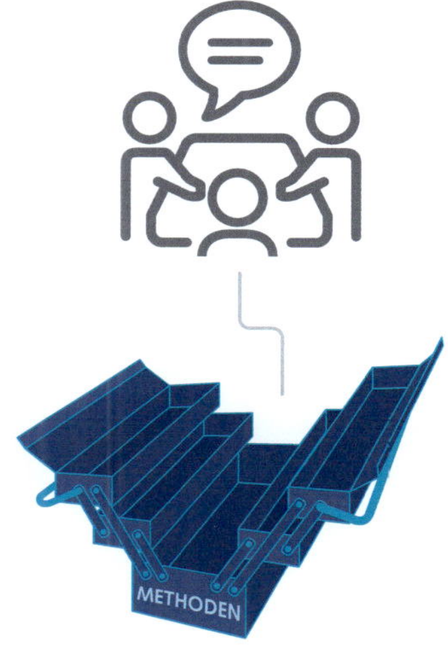

Denken wir an das fokussierte Interview zurück, so könnten wir die These vertreten, dass es sinnvoll ist, einer Gruppe von Personen eine Filmsequenz zu zeigen und sie anschließend gemeinsam darüber diskutieren zu lassen. In der qualitativen Forschung wird ein solches Vorgehen **Gruppendiskussion** genannt. Ein synonymer Begriff ist **Fokusgruppendiskussion**.

Dabei sollte der Forscher darauf achten, dass die Größe der Gruppe nicht zu klein und nicht zu groß gewählt ist:

- Zu kleine Gruppen könnten die Vielfalt an unterschiedlichen Aussagen einschränken.
- Zu große Gruppen führen schnell dazu, dass Einzelne nicht mehr zu Wort kommen.

Ideal sind Gruppengrößen zwischen fünf und zwölf Personen. Für den Forscher ist es sehr herausfordernd, eine Gruppendiskussion zu leiten. Vielredner müssen dezent kontrolliert, Schweiger müssen zur Teilnahme motiviert werden. Unterschiedliche Meinungen müssen gut zusammengefasst und der Gesprächsverlauf entsprechend moderiert werden (vgl. Lüdders, 2017, S. 68 ff.).

HINWEIS:

Falls Sie noch mehr über die Gruppendiskussion mit Beispielen erfahren möchten, können Sie dies im Methodenbuch „*Qualitative Methoden und Methodenmix. Ein Handbuch für Studium und Berufspraxis*“ von Lüdders (2017) im Kapitel 2 „Ablauf eines qualitativen Forschungsprozesses“ (S. 63–70) nachlesen.

3.3 Beobachtung

Während eines Interviews oder einer Gruppendiskussion können Verhaltensweisen für den Forscher von Interesse sein, sodass er diese anschließend in einem Feldprotokoll dokumentiert. Dies ist insbesondere dann sinnvoll, wenn der Interviewer feststellt, dass die Körpersprache nicht dem Gesagten entspricht, sondern im Widerspruch dazu steht. Sofern ausschließlich die Beobachtung als Datenerhebungsmethode genutzt wird, können verschiedene Beobachtungsarten differenziert werden (vgl. Lüdders, 2017, S. 85):

1. Grad der Aktivität des Beobachters: Nimmt er direkt am Beobachtungsgeschehen teil oder nicht?
2. Grad der Strukturierung: unstrukturiert, teilstrukturiert oder strukturiert
3. Grad der Informiertheit der zu beobachtenden Person: Handelt es sich um eine verdeckte oder eine offene Beobachtung?

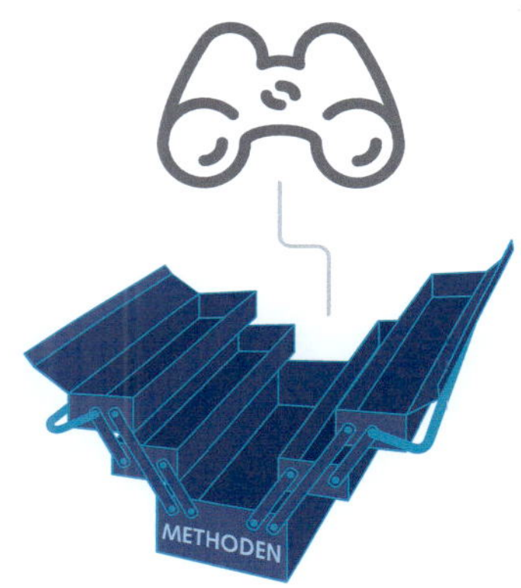

Während sich der zweite Punkt an der Herangehensweise des Forschers in Bezug auf feste Beobachtungsvorgaben bis hin zu einer völlig freien Dokumentation orientiert und der Strukturierung von Interviews sehr nahekommt, wollen wir im Folgenden insbesondere die Punkte 1 und 3 genauer betrachten.

3.3.1 Teilnehmende vs. nicht teilnehmende Beobachtung

Unter einer **teilnehmenden Beobachtung** wird die aktive Teilnahme des Beobachters am Beobachtungsgeschehen verstanden. Ein solches Vorgehen repräsentiert die qualitative Forschung, d. h. es liegt eine unmittelbare Nähe zum Feld, dem Untersuchungskontext, vor. Die Interaktionen zwischen Beobachter und zu Beobachtenden werden ebenfalls zum Gegenstand der Untersuchung gemacht. Der Beobachter erlebt sich selbst als Teil des Geschehens und kann somit die Verhaltensweisen und Einstellungen der zu beobachtenden Person eher nachempfinden, als wenn er von außen beobachten würde. Der große Vorteil der teilnehmenden Beobachtung ist gleichzeitig auch ihr Nachteil: Durch die Teilnahme kann die Wahrnehmung des Forschers verzerrt sein und es kann ihm schwerfallen, während der Beobachtung einen Fokus zu finden. Der Einsatz eines festen Beobachtungsschemas wirkt ablenkend, sodass teilnehmende Beobachter erst nach der Beobachtung ihre Erfahrungen notieren.

Eine **nicht teilnehmende Beobachtung** setzt dagegen auf eine Beobachtung außerhalb des Geschehens. Der Beobachter sitzt am Rand, läuft mit oder beobachtet durch ein Fenster. Die beobachtete Person weiß, dass sie beobachtet wird, sodass in der nicht teilnehmenden Beobachtung der Beobachter oft als Kontrollinstanz oder

Störfaktor angesehen wird. Vorteilhaft ist, dass er während der Beobachtung seine Daten erfassen kann.

ÜBUNG 3.6:

Beobachten Sie in den nächsten Tagen als nicht teilnehmende/-r Beobachter/-in eine Situation in Ihrem beruflichen oder privaten Umfeld, die Sie interessiert. Reflektieren Sie anschließend, wie Sie Ihre Rolle als Beobachter/-in wahrgenommen haben.

TIPP

Es reicht aus, wenn Sie eine Situation wählen, die nur von kurzer Dauer ist. Reflektieren Sie:

- Was ist Ihnen besonders aufgefallen?
- Gab es eine Reaktion der Beobachteten auf Ihre Beobachtungsrolle?
- Haben Sie sich wohlgefühlt?
- Fühlten Sie sich fremd und distanziert?
- Ist Ihnen die Beobachtung leichtgefallen?

Vermuten Sie Verzerrungen Ihrer Wahrnehmung? Wenn ja, inwiefern?

3.3.2 Offene vs. verdeckte Beobachtung

In Beobachtungssituationen sollte – wenn möglich – der Beobachter die zu beobachtende Person vorab darüber informieren, dass er sie beobachtet. Nur in Ausnahmefällen (wenn der Forschungszweck eine Täuschung als wichtig erachtet und der Schaden für die beobachtete Person unerheblich ist) kann eine Beobachtung verdeckt durchgeführt werden. In diesem Fall sollte der Forscher die Person unmittelbar nach der Beobachtung über die Beobachtung aufklären und sich ihr Einverständnis einholen. Denn es gilt Folgendes:

Wenn die Person keine Kenntnis darüber hat, dass sie für wissenschaftliche Zwecke beobachtet wird, widerspricht es dem Grundsatz der freiwilligen Teilnahme und der Informiertheit. Somit liegt ein ethischer Konflikt vor.

Stellen Sie sich vor, Sie beobachten verdeckt. Welches Gefühl hätten Sie vermutlich während der Beobachtung? Im Einzelfall kann es Ihnen aber sinnvoll erscheinen, z. B. bestimmte Beratungssituationen zu untersuchen, bei denen die Beratenden nicht durch Wissen über die Forschungssituation ihr Verhalten ändern. Die Beratung und Stellungnahme durch eine Ethikkommission ist (nicht nur) hier empfehlenswert.

Offene Beobachtungen sollten verdeckten Beobachtungen vorgezogen werden (vgl. Lüdders, 2017, S. 94).

HINWEIS:

Wenn Sie noch mehr über die Beobachtung mit Beispielen und die Entwicklung eines Beobachtungsschemas erfahren möchten, können Sie dies im Methodenbuch *„Qualitative Methoden und Methodenmix. Ein Handbuch für Studium und Berufspraxis"* von Lüdders (2017) im Kapitel 2 „Ablauf eines qualitativen Forschungsprozesses" (S. 53–58 und S. 85–94) nachlesen.

Zusammenfassung

Datenerhebungsmethoden orientieren sich an der Fragestellung und an der Zielgruppe. Während Fragebögen in der Regel mit festen Fragen und Antworten strukturiert sind, legen mündliche Interviews eher einen Fokus auf teilstrukturierte und unstrukturierte Verfahren.

Sinkt der Grad der Strukturierung, steigt die Wahrscheinlichkeit für Fehler. Dieses Prinzip gilt auch bei Beobachtungsmethoden, die nochmals in unterschiedliche Grade eingeteilt werden können. Teilnehmende und nicht teilnehmende Beobachtungen bringen Vor- und Nachteile mit sich, sodass der Aktivitätsgrad des Forschers stets gut überlegt werden sollte. Von verdeckten Beobachtungen ist eher abzuraten, da ethisch eine Verpflichtung für die informierte und freiwillige Teilnahme an einer Forschungssituation besteht. Eine Ethikkommission kann zur Klärung beitragen.

Aufgaben zur Selbstüberprüfung

AUFGABE 3.1:

Sie wollen eine quantitative Umfrage zum Thema „Einstellung zur Lebensmittelqualität“ durchführen. Hierfür entwickeln Sie einen Fragebogen.

a) Konstruieren Sie fünf Fragen nach den Kriterien guter Frageformulierung.
b) Konstruieren Sie zu allen fünf Fragen geeignete Antwortvorgaben.
c) Entwickeln Sie eine sinnvolle Reihenfolge der Fragen.

AUFGABE 3.2:

Sie entscheiden sich nun doch für ein qualitatives Verfahren bei der Erfassung der Lebensmittelqualität. Sie wollen ein Leitfadeninterview durchführen. Entwickeln Sie eine sinnvolle narrative Eingangsfrage für den Leitfaden.

4 Experimentelle Designs

Wenn Sie dieses Kapitel bearbeitet haben, können Sie verschiedene Studiendesigns unterscheiden, die sich an der Methode des Experiments orientieren. Sie können erläutern, was experimentelle und quasiexperimentelle Designs ausmacht und wann von einer Feld- oder einer Laborstudie gesprochen wird. Sie sind in der Lage, Probleme einzuschätzen, die mit bestimmten Designs einhergehen, und zu erklären, wie diese vom Forscher kontrolliert werden könnten.

Die in Kapitel 3 beschriebenen Datenerhebungsmethoden stellen nur einen Teilbereich der Forschungsstudie in der Erhebungsphase dar. Allgemein muss der Forscher das Design, d. h. die Art seiner Studie, exakt bestimmen. Die Anwendung von Fragebögen kann beispielsweise einmalig oder zu mehreren Zeiten wiederholend an einer Stichprobe erfolgen. Es kann eine Gruppe als Vergleichsgruppe gewählt werden, um Einschätzungen und Verhaltensweisen auf eine bestimmte Ursache zurückführen zu können. Die genannten (und noch weitere) Aspekte sollten daher vom Forscher bedacht werden. Beginnen werden wir mit einem der „mächtigsten" Designs, nämlich dem Experiment.

4.1 Experiment

Ein **Experiment** stellt immer einen bewussten Eingriff in die Forschungssituation dar. Insofern liegt ein Unterschied zu einer reinen Beobachtungsstudie vor, in der ein Beobachter passiv agiert. Für das aktive Eingreifen sind bereits vor der Durchführung des Experiments Hypothesen nötig, die überprüft werden sollen.

In einem quantitativen Experiment ist das Experiment durch eine hohe Strukturierung und Messbarkeit charakterisiert, die Vergleichbarkeit für andere Forscher ermöglicht und unter denselben Bedingungen und mit derselben Zielgruppe zu denselben Ergebnissen führen müsste. Der quantitative Forscher manipuliert bewusst eine oder mehrere unabhängige Variablen in seinem Experiment, um eine Wirkung auf die abhängige Variable zu prüfen. Was bedeutet „Manipulation" in diesem Kontext? Betrachten wir die Variablenzuweisung anhand des folgenden Beispiels.

PRAXISBEISPIEL 4.1:

Sie wollen untersuchen, ob sich eine Veränderung in den Glukosewerten im Blut ergibt, wenn Diabetespatienten ein bestimmtes Medikament erhalten. Die Glukosewerte stellen die abhängige Variable dar, weil Sie eine Erhöhung, Reduktion oder Stabilität prüfen möchten. Die unabhängige Variable ist das Medikament. Sie ist die Variable, die eine Veränderung herbeiführen könnte. Der Forscher setzt diese Variable bewusst ein (bzw. manipuliert sie). Die abhängige Variable ist somit immer die Variable, die auf Basis der unabhängigen Variablen erklärt werden soll.

Zum Praxisbeispiel 4.1 ist anzumerken, dass es viel aussagekräftiger wäre, wenn der Forscher nicht nur Patienten untersucht, die ein Medikament erhalten, sondern zusätzlich auch eine Gruppe von Diabetespatienten (welche sich in ähnlichen Alters-, Geschlechts- und Ernährungskategorien befindet wie die andere Gruppe), die das Medikament nicht erhalten. Wenn er diese vergleicht, kann er einen vorhandenen Effekt im Vergleich der beiden Gruppen systematisch auf die unabhängige Variable zurückführen.

Ein klassisches quantitatives Experiment charakterisiert sich immer durch Randomisierung.

Randomisierung bedeutet die zufällige Zuteilung von Personen zu einer **Experimentalgruppe** (**Versuchsgruppe**) und einer **Kontrollgruppe**.

Die Experimentalgruppe ist die Gruppe, die in unserem Beispiel das Medikament erhält. Die Kontrollgruppe könnte kein oder ein Placebomedikament (nicht wirksam, aber gleich aussehend) erhalten. Durch das Zufallsprinzip können selbst Fehlerquellen, die bei den untersuchten Personen noch nicht bekannt sind, kontrolliert werden.

Eine zusätzliche **Verblindung** der Personen gegenüber dieser Zuteilung fördert die Aussagekraft der Studie, da diese dann selbst nicht wissen, welcher Gruppe sie zugeordnet wurden. Eine Verblindung des Forschers (**Doppelblindstudie**) kann ebenfalls sehr sinnvoll sein, da er durch den Kontakt zu den untersuchten Personen auf diese Weise weniger Gefahr läuft, seine eigenen Erwartungen auf die Personen zu übertragen. Kollegen sollten daher die Randomisierung vornehmen, und erst nach der Auswertung sollte die Zuweisung zur Kontroll- und Experimentalgruppe aufgelöst werden. Ein Experiment muss nicht *eine* Kontrollgruppe und *eine* Experimentalgruppe enthalten, sondern kann in seinem Aufbau noch stärker variieren, wie Sie in Kapitel 4.4 noch feststellen werden.

4.2 Quasiexperiment

Unter einem **Quasiexperiment** wird ein Experiment verstanden, dass auf die Randomisierung verzichten muss.

Während bei einem Experiment eine zufällige Zuteilung der Untersuchungspersonen auf die Gruppen erfolgt, liegt beim Quasiexperiment eine natürliche Gruppe bereits vor. Was aber ist mit einer natürlichen Gruppe gemeint? Lassen Sie uns diese Bezeichnung mit einem Beispiel verdeutlichen.

PRAXISBEISPIEL 4.2:

Sie möchten die Wirkung eines Entspannungstrainings an Schulen testen. Hierzu planen Sie, innerhalb einer Schulstunde über mehrere Wochen hinweg Schüler einer Klasse mit Übungen aus dem Training vertraut zu machen.

Um den Effekt des Trainings gut überprüfen zu können, befragen Sie die Schüler vor der ersten Stunde zu ihrem Stresslevel. Nach Ende des Trainings wird der Fragebogen abermals ausgeteilt und das Stressniveau bewertet. Zusätzlich wählen Sie eine Kontrollgruppe (eine Parallelklasse) aus, d. h. Schüler, die zwar auch den Fragebogen ausfüllen (zu Beginn und zum Ende), jedoch nie an Übungen teilgenommen haben.

Bei diesem experimentellen Design handelt es sich um ein Quasiexperiment, weil die Aufteilung der Schüler in Klassen bereits gegeben ist. Eine zufällige Aufteilung der Schüler in Klassen wäre nicht sinnvoll, sondern würde lediglich viel Aufwand für den Forscher und die Klassenlehrer bedeuten – und ist praktisch hier gar nicht möglich.

Eine nicht zufällige Zuteilung der Personen birgt auch Gefahren für den Forscher. So kann es beispielsweise der Fall sein, dass sich Personen, die einer bestimmten Kategorie (in unserem Beispiel einer Schulklasse) angehörig sind, durch ähnliche Eigenschaften charakterisieren lassen. Die Schulklasse ist immer demselben Stundenplan und denselben Lehrern ausgesetzt. Dies kann sie von einer anderen Schulklasse gravierend unterscheiden und sich negativ oder positiv auf das Stressniveau auswirken. Die Nutzung des Zufallsprinzips hätte diese Unterschiede minimiert.

Quasiexperimente können also mit einem größeren Fehler als Experimente behaftet sein.

In vielen Fällen ist es dem Forscher aber auch gar nicht möglich, auf ein Experiment zurückzugreifen. Denken Sie an Experimente mit Rauchern, Sportlern, bestimmten Alters- oder Gewichtsklassen usw. Einen Nichtraucher zufällig zu einer Rauchergruppe zuzuteilen, wäre ethisch nicht vertretbar. Echte Experimente sind in diesen Situationen oft nicht möglich, dennoch ist im Sinne einer höchstmöglichen Aussagekraft immer zu prüfen, ob die zu untersuchende Fragestellung auch mit einem experimentalen Ansatz zu bearbeiten ist.

4.3 Labor- vs. Feldstudie

Experimente und Quasiexperimente finden in einem Kontext statt. Dieser Kontext ist entweder im Labor oder im Feld zu finden:

- Eine klassische **Laborstudie** geht von kontrollierten Bedingungen aus. Die Untersuchungspersonen werden häufig in Räume des Forschers eingeladen (oft sind es Universitätsräume), und der Forscher hat vorab sein Untersuchungssetting so gestaltet, dass die Personen sich ausschließlich auf sein Experiment fokussieren können.
- Im Kontrast dazu steht die **Feldstudie**. Der Forscher kann die Personen auch in ihrem natürlichen Umfeld untersuchen.

In Praxisbeispiel 4.2 finden sowohl das Training als auch die Befragung der Schüler in ihrer Schule statt. Hätte der Forscher die Klasse in einen Universitätsraum eingeladen und dort sein Training durchgeführt, hätte es sich um eine quasiexperimentelle Laborstudie gehandelt. Für die Fragestellung wäre der Aufwand jedoch viel zu hoch gewesen, und der Forscher interessiert sich insbesondere für den Effekt des Trainings unter natürlichen Bedingungen. Eine quasiexperimentelle Felduntersuchung ist daher eine gute Wahl, wenn der Forscher von natürlichen Gruppen und natürlichen Kontexten (Situationen) ausgehen möchte.

Nun kann es aber passieren, dass genau in diesem Feld Störquellen auftreten, z. B. könnte der Lärm anderer Schüler auf dem Flur die Entspannungsübungen behindern. Felduntersuchungen haben somit eine große Aussagekraft für die Verallgemeinerung auf echte (d. h. realitätsbezogene) Situationen, können jedoch den Effekt der unabhängigen Variablen (des Trainings) auf die abhängige Variable (das Stressniveau) stören. Anders verhält es sich bei Laborstudien. Während in einem Labor viele Störquellen vorab kontrolliert werden können, ist die Verallgemeinerung der Ergebnisse aus diesem Experiment (oder dem Quasiexperiment) erschwert. Können Sie sicher sein, dass die Personen sich genauso auch in ihrem natürlichen Feld verhalten würden?

Die beiden genannten Ebenen der Ergebnissicherung werden auch interne Validität und externe Validität genannt.

Interne Validität meint den Grad der Aussagekraft der unabhängigen Variablen auf die abhängige Variable. Sie ist besonders hoch, wenn Störquellen minimiert sind.

Externe Validität meint den Grad der Aussagekraft der Ergebnisse für eine Population, also deren Übertragbarkeit auf Personen außerhalb der eigentlichen Studie. Sie ist besonders hoch, wenn natürliche Gruppen im Fokus stehen.

4.4 Kontrollierte Designs

Wie Sie in Kapitel 4.3 erfahren haben, ist die Aussagekraft in experimentellen Designs von besonders großer Bedeutung. Forscher möchten durch die Manipulation der unabhängigen Variablen möglichst viele Fehlerquellen vermeiden und sich auf Resultate stützen, die nachvollziehbar, replizierbar (d. h. wiederholbar) und auf die Population verallgemeinerbar sind. Nun sind Designs von Vorteil, die eine Randomisierung ermöglichen, um durch Anwendung des Zufalls systematische Fehler innerhalb einer Gruppe zu reduzieren. Der Einsatz von Kontroll- und Experimentalgruppe ist wichtig, um den Effekt der unabhängigen Variablen entdecken zu können.

Experimentelle Designs können vielfältig variieren. So können Sie beispielsweise eine einzige Untersuchung durchführen, in der Sie nur einmal eine Personengruppe testen. Ein solches Design wird auch **One-Shot-Case** genannt. Sie können aber auch, wie in Beispiel 4.2 aufgeführt, Ihre Zielgruppe vor und nach der experimentellen Situation testen. Ein solches Design wird auch **Prä-/Posttest-Design** genannt. Durch einen Vorher-Nachher-Test können Sie den Effekt noch besser auf die unabhängige Variable zurückführen, weil Sie die Ausgangsbedingungen der Untersuchungspersonen (in unserem Beispiel das Stressniveau) kennen. Würden Sie nur einen One-Shot-Case durchführen und keine Vorhertestung vornehmen, können Sie nicht sicher sein, ob die Personen grundsätzlich ein hohes oder ein niedriges Stressniveau besitzen.

Die Prä- und Posttests könnten Sie auf mehrere Gruppen aufteilen, d. h. Sie müssen nicht zwangsläufig immer nur eine Kontroll- und eine Experimentalgruppe konstruieren. Beispielsweise hat Solomon im Jahr 1949 einen experimentellen Plan vorgeschlagen, in dem vier randomisierte Gruppen gebildet werden. Es handelt sich hierbei um ein Design, das versucht, sämtliche systematische Störquellen zu kontrollieren. Gelingen soll dies durch die Kombination einer klassischen Experimental- und Kontrollgruppe mit Prä- und Posttest sowie einer Gruppe, die ein One-Shot-Case-Design nutzt, und einer vierten Gruppe, die nur einen Posttest enthält. Betrachten wir das Design anhand eines Beispiels.

PRAXISBEISPIEL 4.3:

Wir wollen die Wirkung eines Diabetesmedikaments untersuchen. Wir randomisieren unsere Untersuchungspersonen auf folgende Gruppen:

1. Experimentalgruppe mit Prä- und Posttest: wird vor und nach der Einnahme des Medikaments auf Basis der Glukosewerte gemessen
2. Kontrollgruppe mit Prä- und Posttest: wird zu zwei Zeitpunkten auf Basis der Glukosewerte gemessen, ohne das Medikament zu erhalten
3. Experimentalgruppe mit Posttest (One-Shot-Case): erhält direkt das Medikament und anschließend erfolgt die Messung der Glukosewerte
4. Kontrollgruppe, nur Posttest: wird ohne Medikament einmal auf Basis der Glukosewerte getestet

Der **Solomon-vier-Gruppen-Plan** ermöglicht eine gute Kontrolle von Störquellen, weil nicht nur eine Vorher-Nachher-Testung vorgenommen wird, sondern durch Kombination mit dem One-Shot-Case und einer Posttestgruppe Effekte des Prätests sichtbar gemacht werden. Man könnte die Auffassung vertreten, dass es Personen gibt, die durch den Vortest beeinflusst sind und sich allein die Vortestung negativ auf die Nachtestung auswirkt.

Bei Glukosewertmessungen mag dieser Effekt sehr gering sein, aber denken Sie beispielsweise an Wissenstests. Die Teilnahme kann Lerneffekte auslösen oder Untersuchungspersonen könnten sich zwischenzeitlich mit dem Test befasst haben und sich so im zweiten Durchgang verbessern – unabhängig von der interessierenden unabhängigen Variablen.

Die experimentellen Designs sind sehr vielfältig und lassen sich beliebig variieren. Hierzu wird auf entsprechende weiterführende Lehrbücher verwiesen.

Zusammenfassung

Experimentelle Designs lassen sich auf Grundlage mehrerer Faktoren differenzieren. Während Experimente eine Randomisierung voraussetzen, sind Quasiexperimente durch natürliche Gruppen gekennzeichnet. Diese natürlichen Gruppen mögen eine besonders hohe externe Validität besitzen, insbesondere wenn sie im Feld untersucht werden. Laborstudien zeichnen sich dagegen durch hohe interne Validität aus, da sie Störquellen besser kontrollieren können.

Allen experimentellen Designs ist gemeinsam, dass der Forscher bewusst eine Manipulation der unabhängigen Variablen einsetzt. Um den Effekt der unabhängigen Variablen ausweisen zu können, ist mindestens eine Kontrollgruppe im Design wichtig. Diese Kontrollgruppe erhält keine Intervention.

Experimentelle Designs erheben den Anspruch, möglichst präzise Aussagen zu treffen. Datenerhebungsmethoden (z. B. Fragebögen, klinische Messverfahren) kommen zum Einsatz. Das Design setzt jedoch für den Forscher ein großes Planungsvermögen und ein hohes Maß an Kontrolle voraus. Nicht jede Studie muss zwangläufig einem festen experimentellen Design folgen. Jedoch können eine Messwiederholung und auch die Entscheidung für oder gegen eine Feldstudie beispielsweise in Fragebogen- oder Beobachtungsstudien durchgeführt werden.

Aufgaben zur Selbstüberprüfung

AUFGABE 4.1:

Geben Sie an, was die unabhängigen Variablen bei folgenden Fragen sind:

a) Führt Rauchen dazu, dass Personen insgesamt mehr Genussmittel konsumieren?
b) Verändert sich der eingeschätzte Gesundheitszustand, wenn Personen an Maßnahmen des betrieblichen Gesundheitsmanagements teilnehmen?
c) Unterscheidet sich die Lebensmittelvielfalteinschätzung nach dem Geschlecht?

AUFGABE 4.2:

Überlegen Sie sich ein Experiment und ein Quasiexperiment im Kontext der Fragestellung „erfolgreiches Studieren".
Konstruieren Sie für das Experiment zusätzlich einen Solomon-vier-Gruppen-Plan.

5 Zentrale quantitative Skalen

Wenn Sie dieses Kapitel bearbeitet haben, können Sie die wesentlichen Skalenniveaus der quantitativen Forschung beschreiben. Sie können Antwortvorgaben an diesen Skalierungseigenschaften ausrichten und erläutern, welche weiteren Arten von Skalen in Fragebögen oder Testverfahren Anwendung finden. Auf Grundlage der Skalenniveaus können Sie einschätzen, welche mathematischen Operationen für die Datenauswertung sinnvoll sind und welche Aussagequalität sich daraus für die Ergebnisdarstellung ergibt. Sie sind in der Lage, geeignete quantitative Skalen für Ihre inhaltliche Forschungsfrage zu konstruieren.

Während in den vorherigen Kapiteln das Augenmerk auf die Rekrutierung, die Datenerhebungsmethoden und die Designs von Studien gelegt wurde, wollen wir nun einen Teilbereich der quantitativen Forschung hervorheben. Dieser Teilbereich nimmt eine besondere Stellung innerhalb der Konstruktion von Fragebögen und Testverfahren ein. Grundsätzliches Ziel ist die Messung (d. h. Operationalisierung) von wissenschaftlichen Fragestellungen (vgl. Kap. 1.4).

Wie Sie bereits erfahren haben, müssen Richtlinien für die gute Frage- und Antwortformulierung eingehalten werden (vgl. Kap. 3.1). Die Antwortformulierung kann auf Basis der Antwortvorgaben sehr unterschiedlich gestaltet werden. Sie treten somit in eine sehr wichtige Phase ein, weil die Antwortformulierung auch die spätere Aussagekraft Ihrer Ergebnisse bei der Arbeit mit Fragebogenerhebungen beeinflussen wird.

5.1 Nominalskala

Die **Skalierung** von Antwortvorgaben ist wichtig, um festzulegen, welche mathematischen Operationen sich durch die Auswertung ergeben. Manche Antwortvorgaben haben in ihrer Skalierung mehr Aussagekraft (z. B. Berechnung eines Mittelwerts), während andere Antwortskalierungen lediglich Vergleiche zwischen Kategorien ermöglichen. Allen Arten von Skalierungen (die wir ab sofort auch Skalenniveaus nennen werden) ist jedoch gemeinsam, dass sie versuchen, latente Konstrukte durch manifeste Variablen messbar zu machen.

Ein **latentes Konstrukt** ist ein Inhalt, der zunächst nicht direkt messbar und beobachtbar ist.

Erinnern wir uns an das Beispiel zum erfolgreichen Studieren, so haben wir herausgefunden, dass es sehr vielfältig definiert werden kann. Die Definition, d. h. die Operationalisierung, erzeugt beobachtbare, messbare Variablen. Wir legen beispielsweise fest, dass „erfolgreiches Studieren" durch Prüfungsnoten sichtbar wird. Bei den Prüfungsnoten handelt es sich dann um eine **manifeste Variable**. Der Begriff **Variable** (engl. Item) wird nicht als ein veränderlicher Platzhalter aus der Mathematik, sondern als das Endresultat der Messung angesehen: Im Fall eines Fragebogens handelt es sich um eine konkrete Frage mit zugehörigen Antwortkategorien.

Die Frage nach dem Geschlecht oder dem Alter der Untersuchungspersonen ist somit je eine Variable. Nun macht es aber einen Unterschied, ob man die Antworten zum Geschlecht oder zum Alter auswerten möchte. Kommen wir also zu unserer Ausgangsfrage nach den Skalenniveaus zurück und beginnen wir zu untersuchen, was wir anhand des Geschlechts der Personen aussagen können. Wir könnten die absoluten oder prozentualen Häufigkeiten auswerten, d. h. wie viele Personen männlich und wie viele Personen weiblich sind. Könnten wir jedoch sagen, dass Frauen „höher" einzuschätzen sind als Männer? Könnten wir eine Rangfolge in den Daten vermuten? Könnten wir vielleicht auch einen Mittelwert des Geschlechts berechnen? Die Antwort lautet: nein. Wenn wir nur die Variable Geschlecht untersuchen, dann können wir nur die Kategorien „männlich" und „weiblich" auswerten. Da wir nur zwischen zwei Antworten wählen können, handelt es sich um eine **dichotome Antwortvorgabe**. Eine Variable, die den Raucherstatus (Raucher vs. Nichtraucher) abfragt, ist ebenfalls dichotom.

Nun können wir die Anzahl der Antwortkategorien erhöhen, nichtsdestotrotz würde die Aussagekraft der Antworten gleich bleiben. Korrekterweise müssen wir laut aktueller juristischer Rechtsprechung die Kategorie „divers" beim Geschlecht aufführen. Die Variable ist somit nicht mehr dichotom. Denken wir z. B. an die Essgewohnheiten (Veganer, Vegetarier, Fleischkonsument usw.) oder die favorisierte Automarke (BMW, Hyundai, Porsche usw.), handelt es sich ebenfalls um mehrere Antwortmöglichkeiten. All diesen Antwortvorgaben ist gemein, dass wir nur eine

Aussage über die Kategorien treffen können. Eine Kategorie ist jedoch nicht „besser" als eine andere Kategorie, sodass keine Aussage über eine Reihenfolge getroffen werden kann.

Ein solches Skalenniveau, das Kategorien vergleicht, nennt man **Nominalskala**. Es ist das niedrigste Skalenniveau, das entsprechend auch die geringsten mathematischen Operationen für die Auswertung erlaubt. Es können hier z. B. die Häufigkeiten des Auftretens der jeweiligen Kategorie angegeben werden.

ÜBUNG 5.1:

Konstruieren Sie eine nominalskalierte Variable zum Thema „erfolgreiches Studieren".

TIPP

Sie können eine dichotome Antwortvorgabe oder eine Antwortvorgabe mit mehr als zwei Kategorien konstruieren. Ideen für eine Variable zum Thema „erfolgreiches Studieren" können Sie aus vorangegangenen Übungen ableiten. Bitte konstruieren Sie bei dieser Übung keine allgemeine Variable, die beispielsweise das Geschlecht abfragt. Die Variable sollte unmittelbar das Thema „erfolgreiches Studieren" messen.

5.2 Ordinalskala

Antwortvorgaben können Kategorien enthalten und darauf aufbauend auch eine Aussage über eine Reihenfolge der Kategorien treffen. Ein solches Skalenniveau wird **Ordinalskala** genannt. Hier wird also eine inhärente Ordnung vorausgesetzt. Inhaltliche Abstufungen zwischen den Kategorien sind möglich.

PRAXISBEISPIEL 5.1:

Denken Sie beispielsweise an die klassischen Schulnoten. Die sechs Noten stellen Kategorien dar, aber wir können zusätzlich auch feststellen, dass ein „sehr gut" besser als ein „gut" ist usw.

Oder denken Sie an die aktuellen Musikcharts. Es gibt einen Interpreten, der derzeit Platz 1 belegt. Er ist somit der Sieger unter allen Interpreten. Da wir lediglich auf den Platz und nicht auf die Verkaufszahlen schauen, können wir nicht sagen, wie knapp das Rennen war. So kann der derzeit führende Interpret nur knapp vorn liegen und der Abstand beispielsweise zwischen Interpret 2 und 3 viel größer sein.

Bei einer ordinalskalierten Variablen können wir also, neben dem Vergleich von Kategorien, auch Aussagen über „größer“ bzw. „besser“ und „kleiner“ bzw. „schlechter“ treffen.

ÜBUNG 5.2:

In Fragebögen werden oft Antwortvorgaben in der Art „stimme zu“, „stimme eher zu“, „stimme eher nicht zu“ und „stimme nicht zu“ angeboten. Um welches Skalenniveau handelt es sich? Begründen Sie Ihre Antwort.

TIPP

Vergleichen Sie bei dieser Übung das Nominal- mit dem Ordinalskalenniveau und geben Sie die mathematisch zulässigen Operationen an.

5.3 Intervallskala

Erinnern wir uns an dieser Stelle nochmals an die Variable „Alter“, die wir bereits im Rahmen der Nominalskala erwähnt hatten (vgl. Kap. 5.1). Das Alter hat Kategorien, jedes Alter ist eine Kategorie für sich. Die Kategorien sind in einer Reihenfolge abbildbar, weil ein höheres Alter auch inhaltlich älter ist als ein geringeres Alter.

Jedoch kommt nun noch eine weitere Ebene der Aussagekraft hinzu: Wir können auch angeben, dass eine Person ein oder mehr Jahre älter ist als eine andere Person, d. h. die Differenzen sind inhaltlich ebenfalls bedeutsam. Wir könnten also einen Mittelwert berechnen und diesen bei einer bestimmten Stichprobe inklusive der Standardabweichung nennen (vgl. Kap. 2.3.4).

Ein solches Skalenniveau, das neben einer Rangfolge auch die Differenzen als inhaltlich bedeutsam ansieht, wird **Intervallskala** genannt.

Weitere Beispiele für intervallskalierte Variablen sind: Intelligenzquotient, Temperatur in Grad Celsius.

Eine Besonderheit, die bei der Intervallskala beachtet werden muss, ist, dass sie keinen natürlichen Nullpunkt enthält. Was genau bedeutet dies? Ein natürlicher Nullpunkt würde voraussetzen, dass wir auch das Verhältnis deuten dürfen. Die Temperatur in Celsius hat ebenfalls keinen natürlichen Nullpunkt (anders als in Grad Kelvin). Bei der Intelligenz könnten wir keine Personen messen, die eine Intelligenz von null aufweisen, und es ist nicht korrekt, davon auszugehen, dass eine Person mit einem IQ von 160 genau doppelt so intelligent ist wie eine Person mit einem IQ von 80.

Prinzipiell ist es eher schwierig, Variablen als Intervallskalen zu definieren. In der wissenschaftlichen Forschung finden wir in Fragebögen häufig Ordinalskalen. Denken wir an Antwortvorgaben, die z. B. Häufigkeiten (nie, selten, gelegentlich, oft, immer) abfragen, so wäre der einzige Unterschied zur Intervallskala darin zu sehen, dass die inhaltlichen Differenzen als bedeutsam anzusehen sind. Das hieße, dass ein Unterschied zwischen „nie“ und „selten“ (Differenz von 1) als inhaltlich gleich zu einem Unterschied von „oft“ und „immer“ (Differenz von 1) anzusehen ist, so wie ein Altersjahr einem Altersjahr entspricht. Davon können wir jedoch nicht ausgehen. Personen können „oft“ und „immer“ anders interpretieren als „nie“ und „selten“.

In der Wissenschaft werden diese Skalen allerdings häufig als intervallskaliert angesehen, um entsprechende statistische Verfahren nutzen zu können. Sogenannte **Ratingskalen**, die in Fragebögen beispielweise Einstellungen und Haltungen mit zugrunde liegenden Punkten (z. B. 1 bis 7) abfragen, werden genutzt, um summarische Punktwerte auszurechnen, die dann als intervallskaliert weiterverwendet werden. Wundern Sie sich daher nicht, falls Forscher von der ursprünglichen Ordinalskala abweichen. Fragen Sie sich jedoch, ob auch Sie diesem Trend folgen möchten oder ob Sie besser die Verfahren anwenden möchten, die der Aussagequalität Ihrer Ergebnisse gerecht werden.

Ratingskalen werden in der wissenschaftlichen Forschung häufig als Intervallskalen angesehen, obwohl sie inhaltlich der Ordinalskala zugeordnet werden. Forscher gehen in diesem Fall von inhaltlich gleichen Abständen aus.

5.4 Verhältnisskala

Handelt es sich um Variablen, die zusätzlich einen natürlichen absoluten Nullpunkt besitzen, sind wir auf dem Skalenniveau angekommen: der Verhältnisskala.

Die **Verhältnisskala** umfasst Kategorien, eine Reihenfolge, inhaltlich bedeutsame Differenzen sowie den absoluten natürlichen Nullpunkt, um eine Aussage über Verhältnisse treffen zu können.

Beispiele für Verhältnisskalen sind: Gewicht in Kilogramm, Größe in Zentimetern, Reaktionszeit, Temperatur in Kelvin oder auch das Einkommen. Wir können sagen, dass eine Person doppelt so schwer ist oder fünfmal so viel verdient wie eine andere Person.

Wir könnten, wenn wir denn wollten, die Verhältnisskala auch auf ein geringeres Skalenniveau setzen und z. B. lediglich Kategorien des Einkommens auswerten. Es ist also möglich, höhere Skalenniveaus auf geringe Skalenniveaus zu setzen und die zugehörigen statistischen Auswertungsmethoden des geringeren Skalenniveaus zu nutzen. Ein Hochsetzen ist jedoch nicht möglich. Eine nominalskalierte Variable können wir nicht mit intervallskalierten Auswertungsmethoden versehen. Zumindest schließt sich dies nach der reinen Lehre der Statistik und der inhaltlichen Aussagekraft zu den mathematischen Operationen aus.

PRAXISBEISPIEL 5.2:

Die in Beispiel 5.1 genannte Variable „Musikcharts“ könnte auch als verhältnisskalierte Variable angesehen werden, wenn die Verkaufszahlen zu den Interpreten die Grundlage darstellen.

ÜBUNG 5.3:

Konstruieren Sie eine intervall- und eine verhältnisskalierte Variable zum Thema „erfolgreiches Studieren“.

Versuchen Sie auch bei dieser Übung (in Anlehnung an Übung 5.1), Variablen inhaltlich so zu gestalten, dass sie unmittelbar eine Relevanz für das „erfolgreiche Studieren“ besitzen. Beachten Sie den wesentlichen Unterschied der beiden Skalenniveaus im Hinblick auf den natürlichen absoluten Nullpunkt.

Die zentralen quantitativen Skalenniveaus bilden den Ausgangspunkt für statistische Auswertungen. Einen Einblick in diese Methoden erhalten Sie im Kapitel 7. Bevor wir jedoch dazu übergehen können, werden wir uns im folgenden Kapitel 6 mit der Stufe der Datenaufbereitung beschäftigen.

Zusammenfassung

Die quantitative Forschung hat vier Skalenniveaus für Variablen definiert. Während die Nominalskala das kleinste Skalenniveau im Hinblick auf mathematisch zulässige Operationen darstellt, umfasst die Verhältnisskala ein Maximum an Berechnungsoptionen. Bereits während der Konstruktion von Variablen (z. B. im Rahmen eines Fragebogens) muss vom Forscher festgelegt werden, wie inhaltliche Fragestellungen abgebildet werden sollen. Die Nominalskala ermöglicht einen Vergleich von Kategorien, die Ordinalskala einen zusätzlichen Vergleich der Reihenfolge der Kategorien, die Intervallskala einen zusätzlichen Vergleich der Differenzen und die Verhältnisskala einen zusätzlichen Vergleich der Verhältnisse.

Die Skalenniveaus bauen somit aufeinander auf. Ein höheres Skalenniveau kann mathematische Operationen eines geringeren Skalenniveaus nutzen. Ein geringeres Skalenniveau kann jedoch im Grundsatz nicht auf ein höheres Skalenniveau gesetzt werden.

Aufgaben zur Selbstüberprüfung

AUFGABE 5.1:

Sie haben sich in den vergangenen Kapiteln bereits mit der Fragestellung zum Thema „Lebensmittelvielfalt“ beschäftigt. Konstruieren Sie nun je eine Variable für einen Fragebogen, die

a) nominalskaliert ist.
b) ordinalskaliert ist.
c) intervallskaliert ist.
d) verhältnisskaliert ist.

AUFGABE 5.2:

Sie wollen das Alter in einem Fragebogen abfragen. Der Forscher kann nun entscheiden, wie er dieses abfragen möchte. Konstruieren Sie Folgendes:

a) Alter als nominalskalierte Variable
b) Alter als ordinalskalierte Variable
c) Alter als intervallskalierte Variable
d) Diskutieren Sie abschließend die Aussagekraft der Ergebnisse der Altersvariablen für a) bis c).

6 Datenaufbereitung

Wenn Sie dieses Kapitel bearbeitet haben, können Sie geeignete Software für die quantitative oder qualitative Datenauswertung benennen. Sie können erklären, warum es wichtig ist, Daten gut aufzubereiten und welche Faktoren Sie hierfür berücksichtigen müssen. Beispielhaft können Sie ausgewählte Aspekte der quantitativen Datenaufbereitung im Hinblick auf die Erstellung eines Kodeplans und die Feststellung von Anomalien vollziehen. Sie sind in der Lage zu erläutern, warum eine gute Datenaufbereitung die Vorstufe jeder quantitativen oder qualitativen Datenauswertung darstellt und eine hohe Aussagekraft der Ergebnisse sichert.

Nach vielen bereits erreichten Stufen des Forschungsprozesses (vgl. Kap. 1.2) befinden wir uns nun an einer Stelle, an der es für den Forscher äußerst spannend wird. Die Untersuchung wurde durchgeführt und es stellt sich die Frage, wie die Daten eines Fragebogens oder eines Interviews geeignet genutzt werden können, um Schlussfolgerungen daraus abzuleiten. Hierfür sollten die Daten möglichst gut erfasst werden und bestimmte Eigenschaften aufweisen. Bevor wir uns mit den Eigenschaften bzw. Voraussetzungen guter Daten beschäftigen, werfen wir zunächst einen Blick auf die Software und die Dateneingabe. Später werden wir dann die Qualität der Daten bewerten (vgl. Kap. 6.3).

6.1 Softwarenutzung und Dateneingabe

Forscher/-innen nutzen verschiedene Softwareprogramme, um die Dateneingabe, das Datenmanagement und die anschließende Datenauswertung durchzuführen und Ergebnisse darzustellen.

Im Bereich der quantitativen Forschung gibt es eine Vielzahl an kostenfreien und kostenpflichtigen Statistikprogrammen. Kostenfrei sind beispielsweise PSPP oder R. Kostenpflichtig sind dagegen u. a. SPSS®, STATA® oder SAS®. Es kann auch das Programm Excel verwendet werden. Forschende, die sich im Bereich Statistik qualifiziert haben, arbeiten eher nicht mit Excel, da es nicht über alle notwendigen statistischen Funktionen verfügt. Für einfache Darstellungen und Tabellenkalkulationen ist es aber durchaus nutzbar.

Im Rahmen der qualitativen Forschung gibt es kostenfreie Tools zur Aufnahme von Interviews und Testversionen für die Auswertung, zum Beispiel von den Anbietern von f4analyse bzw. f5transcript.

Ein wichtiges und vielfach genutztes Programm für quantitative Statistik ist SPSS®. Die Software PSPP ist der Software SPSS® nachempfunden, wobei Erstere kostenfrei ist. Daher möchten wir Ihnen den Umgang mit dieser Software im Rahmen dieses Buchs nahelegen und Ihnen exemplarisch die Dateneingabe mit SPSS® vorstellen, die Sie auch in PSPP genauso umsetzen können. Sofern Sie andere freie Software, z. B. R, ausprobieren wollen, ist dies mit entsprechenden frei zugänglichen Handbüchern und Informationen ebenso möglich.

HINWEIS:
PSPP finden Sie z. B. als frei herunterladbare Software unter www.gnu.org.

Wenn Sie die Software öffnen, erscheint ein Datenfenster, das an eine Excel-Tabelle erinnert. Sie können in diesem Fenster in der Spalte die Variablennamen angeben; jede Zeile steht für je eine Person. Die Antworten einer Person werden zeilenweise dort eingetragen. Person 1 hat z. B. bei einer Frage zum Thema „soziale Netzwerke" den Wert 2 angekreuzt und bei der Statistiknote den Wert 2,70. Die dargestellten Namen vergibt der Forscher. Die Bezeichnungen müssen keine feste Struktur haben (Groß- oder Kleinschreibung), sondern dienen nur als Hilfe für die Forschenden. Es muss schnell zu erkennen sein, um welche Variablen es sich handelt.

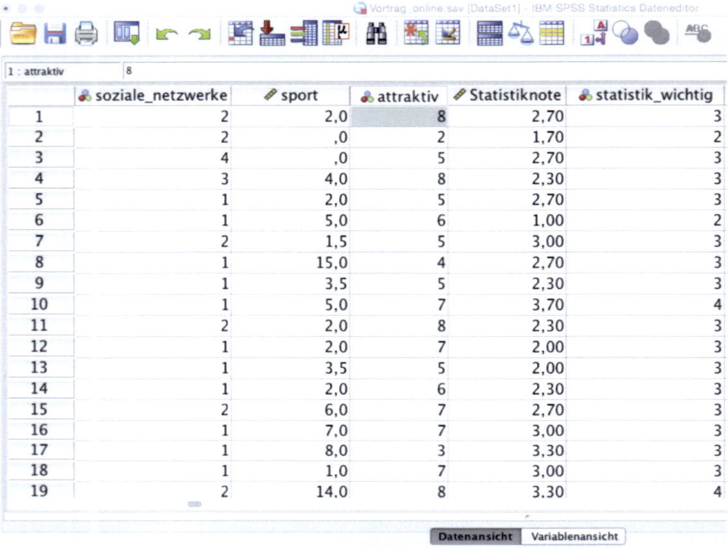

	soziale_netzwerke	sport	attraktiv	Statistiknote	statistik_wichtig
1	2	2,0	8	2,70	3
2	2	,0	2	1,70	2
3	4	,0	5	2,70	3
4	3	4,0	8	2,30	3
5	1	2,0	5	2,70	3
6	1	5,0	6	1,00	2
7	2	1,5	5	3,00	3
8	1	15,0	4	2,70	3
9	1	3,5	5	2,30	3
10	1	5,0	7	3,70	4
11	2	2,0	8	2,30	3
12	1	2,0	7	2,00	3
13	1	3,5	5	2,00	3
14	1	2,0	6	2,30	3
15	2	6,0	7	2,70	3
16	1	7,0	7	3,00	3
17	1	8,0	3	3,30	3
18	1	1,0	7	3,00	3
19	2	14,0	8	3,30	4

Abb. 6.1: SPSS®-Datenfenster mit eingegebenen Daten

Wenn die Dateneingabe persönlich erfolgt, muss sie streng kontrolliert und durch Hilfskräfte oder weitere Forschende unterstützt werden, um Fehler zu vermeiden. Der Forscher kann bei Paper-und-Pencil-Befragungen den Fragebogen auch mit einem speziellen Scanner direkt einlesen oder bei Online-Befragungen eine RTF- oder Excel-Datei ausgeben lassen, die dann in SPSS® (PSPP) importiert werden kann.

Eine nachvollziehbare Datenerfassung ist für den/die Forscher/-in wichtig, denn nur so kann er/sie stets den Überblick behalten. Es empfiehlt sich, die Variablen als Kodeplan zu speichern. Betrachten wir diesen Kodeplan im Folgenden genauer.

6.2 Kodeplan

Ein **Kodeplan** stellt eine Dokumentation der Variablen, d. h. ihrer Frageformulierung, ihrer verbal markierten und numerischen Antwortkategorien, ihrer Skalenniveaus sowie der fehlenden Werte dar. Wenn Sie mit einer statistischen Software arbeiten, können Sie diesen Kodeplan sehr einfach in der „Variablenansicht" erstellen.

In Abb. 6.2 ist noch die Datenansicht aktiviert. Verändern wir diese in die Variablenansicht (durch Klick), kann der/die Forscher/-in die Variablen wie folgt bezeichnen:

Name	Typ	Breite	Dezima...	Beschriftung	Werte	Fehlend	Spalten	Ausrichtung	Mess
soziale_netzwerke	Numerisch	1	0	Wieviele Stund...	{1, <1 Std....	Keine	15	Rechts	Nomi
sport	Numerisch	10	1	Wie viele Stun...	Keine	Keine	11	Rechts	Metri
attraktiv	Numerisch	2	0	Wie attraktiv ...	{1, gar nic...	Keine	9	Rechts	Nomi
Statistiknote	Numerisch	8	2		Keine	Keine	11	Rechts	Metri
statistik_wichtig	Numerisch	1	0	Für wie wichti...	{1, unwicht...	Keine	15	Rechts	Nomi

Abb. 6.2: SPSS®-Variablenansicht

Allen Variablen ist gemein, dass sie als Zahlen (numerischer Typ) voreingestellt sind, die auf Grundlage der Dezimalstellen (Nachkommastellen) angepasst werden können. Ein besonders wichtiges Augenmerk für die Dokumentation sollte auf die Spalten „Beschriftung", „Werte" und „fehlend" gelegt werden. Bei der Beschriftung kann die Frage eingetragen bzw. der sinngemäße Wortlaut der Frage abgebildet werden. Während der „Name" der Variablen eine Abkürzung für den Forscher darstellt, wird die „Beschriftung" bei allen Datenanalysen übernommen. So wird stets gewährleistet, dass nachvollziehbar ist, um welche Frage es sich gehandelt hat.

Beschriftung
Wie viele Stunden verbringst du täglich in einem sozialen Netzwerk (z.B. Facebook)?
Wie viele Stunden die Woche treibst du Sport?
Wie attraktiv würdest du dein Aussehen auf einer Skala von 1 bis 10 einschätzen?
Deine Note in der vergangenen Prüfung lautete:
Für wie wichtig hältst du Statistik im Rahmen der psychologisch-wissenschaftlichen Ausbildung?

Abb. 6.3: Beispiele einer Beschriftung in der SPSS®-Variablenansicht

In der Spalte „Werte" werden die Antwortkategorien (sofern sie nominal- oder ordinalskaliert sind) inhaltlich beschriftet. Jedem Zahlenwert wird eine verbale Antwort zugewiesen. So stellt der Forscher sicher, dass er beispielsweise nicht die Zahlen 1, 2 oder 3 beim Geschlecht verwechselt, sondern stets weiß, dass z. B. der Wert 1 für „männlich" steht.

Abschließend können noch die fehlenden Werte unter „fehlend" eingetragen werden. Sofern davon auszugehen ist, dass Personen keine Antworten oder falsche

Antworten eingetragen haben, können diese Werte in der Spalte als „fehlend" klassifiziert werden. Ihnen ist gemein, dass sie in der Datenanalyse nicht berücksichtigt werden und somit nicht zu Verzerrungen beitragen können. Um eine solche Zuweisung von fehlenden Werten vorzunehmen, ist es jedoch wichtig, dass Sie sich auf Spurensuche nach möglichen Auffälligkeiten oder Anomalien begeben.

6.3 Aufdecken von Anomalien

Wenn alle Daten in einer Datentabelle und einem Kodeplan vorliegen, wird im nächsten Schritt die Verteilung der Antworten jeder Variablen genauer betrachtet. Mit Verteilung sind die Häufigkeiten gemeint, mit denen Antworten zu einer Frage von den Untersuchungspersonen genannt wurden. Betrachten wir exemplarisch eine solche Häufigkeitsverteilung für die Variable „Sport":

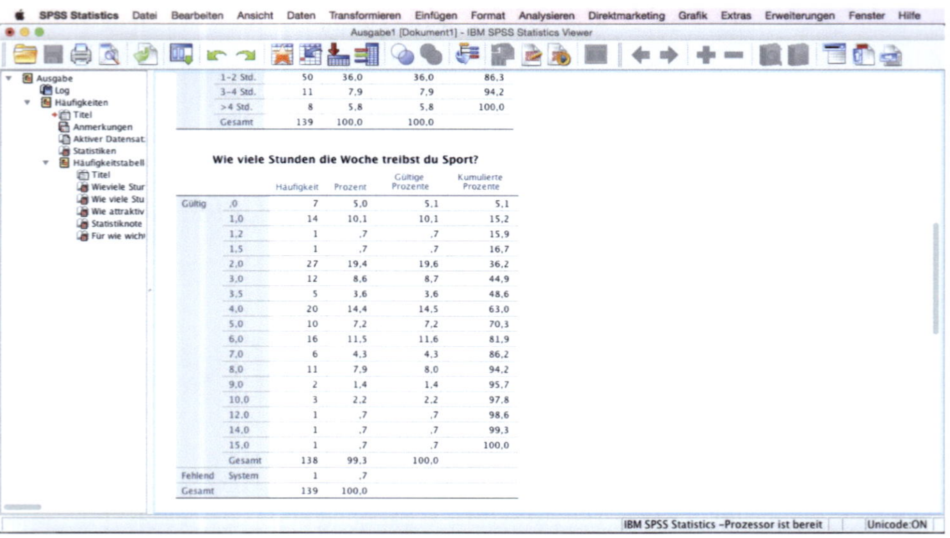

		Häufigkeit	Prozent	Gültige Prozente	Kumulierte Prozente
	1-2 Std.	50	36,0	36,0	86,3
	3-4 Std.	11	7,9	7,9	94,2
	>4 Std.	8	5,8	5,8	100,0
	Gesamt	139	100,0	100,0	

Wie viele Stunden die Woche treibst du Sport?

		Häufigkeit	Prozent	Gültige Prozente	Kumulierte Prozente
Gültig	,0	7	5,0	5,1	5,1
	1,0	14	10,1	10,1	15,2
	1,2	1	,7	,7	15,9
	1,5	1	,7	,7	16,7
	2,0	27	19,4	19,6	36,2
	3,0	12	8,6	8,7	44,9
	3,5	5	3,6	3,6	48,6
	4,0	20	14,4	14,5	63,0
	5,0	10	7,2	7,2	70,3
	6,0	16	11,5	11,6	81,9
	7,0	6	4,3	4,3	86,2
	8,0	11	7,9	8,0	94,2
	9,0	2	1,4	1,4	95,7
	10,0	3	2,2	2,2	97,8
	12,0	1	,7	,7	98,6
	14,0	1	,7	,7	99,3
	15,0	1	,7	,7	100,0
	Gesamt	138	99,3	100,0	
Fehlend	System	1	,7		
Gesamt		139	100,0		

Abb. 6.4: Häufigkeitsverteilung im SPSS®-Ausgabefenster

Es fällt in der Ausgabe auf, dass wenige Personen mehr als zehn Stunden Sport treiben und dass manche Personen Nachkommastellen für die Sportstunden angegeben haben. Die Frage, die wir uns stellen müssen, lautet: Liegt eine Anomalie (d. h. eine Unregelmäßigkeit) in den Sportdaten vor, die die Aussagekraft der Ergebnisse negativ beeinflussen könnte? Vermutlich interessieren wir uns für einen Vergleich von geringem, mittelmäßigem und hohem Sportkonsum und würden gerne einen Mittelwert berechnen. Dieser Mittelwert wäre aber verzerrt, da nur je eine Person ab dem Wert 10 eine Antwort gegeben hat. Um diese Personen nicht aus den Daten auszuschließen und die Antworten als „fehlend" zu klassifizieren, könnten wir uns dazu entschließen, die Daten zusammenzufassen und das Skalenniveau der Verhältnisskala zu verlassen. Wir könnten drei Kategorien (gering, mittel, hoch) bilden und hätten dann gewährleistet, dass mehr Personen in den Kategorien vertreten sind. Der Vergleich würde dadurch sicherer werden. Jedoch hätten wir die Werte eigenständig kategorisiert und müssten darauf achten, dass wir nicht den ursprünglichen Verteilungsverlauf verändern. Das heißt, die dritte Kategorie (hoher Sportkonsum) dürfte nicht mehr Werte als die zweite Kategorie (mittlerer Sportkonsum) enthalten. Exemplarisch könnten die Werte wie folgt klassiert werden:

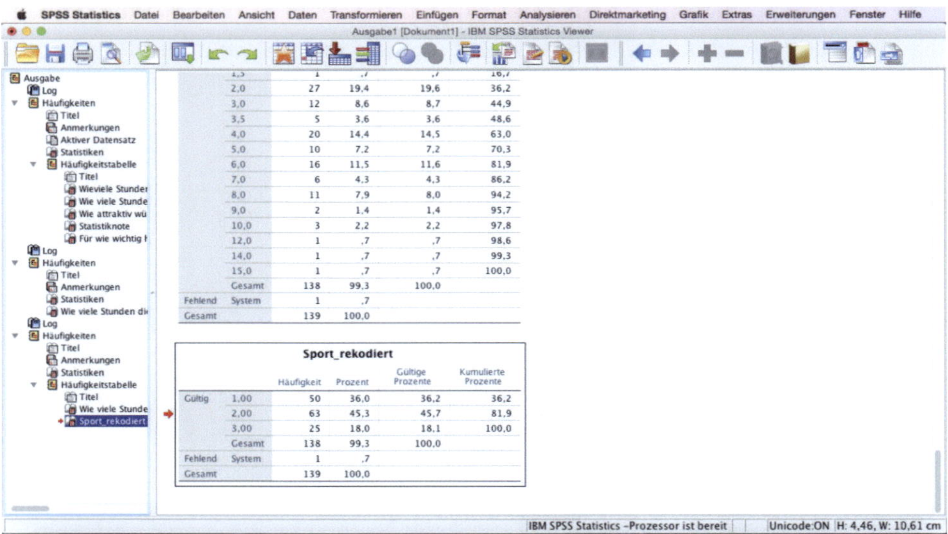

	1,5	1	,7	,7	16,7
	2,0	27	19.4	19,6	36,2
	3,0	12	8,6	8,7	44,9
	3,5	5	3.6	3,6	48,6
	4,0	20	14,4	14,5	63,0
	5,0	10	7,2	7,2	70,3
	6,0	16	11,5	11,6	81,9
	7,0	6	4,3	4,3	86,2
	8,0	11	7,9	8,0	94,2
	9,0	2	1,4	1,4	95,7
	10,0	3	2,2	2,2	97,8
	12,0	1	,7	,7	98,6
	14,0	1	,7	,7	99,3
	15,0	1	,7	,7	100,0
	Gesamt	138	99,3	100,0	
Fehlend	System	1	,7		
Gesamt		139	100,0		

Sport_rekodiert

		Häufigkeit	Prozent	Gültige Prozente	Kumulierte Prozente
Gültig	1,00	50	36,0	36,2	36,2
	2,00	63	45,3	45,7	81,9
	3,00	25	18,0	18,1	100,0
	Gesamt	138	99,3	100,0	
Fehlend	System	1	,7		
Gesamt		139	100,0		

Abb. 6.5: Umkodieren von Variablen in Klassen

In der Sportverteilung ist zudem erkennbar, dass eine Person keine Antwort gegeben hat. Diese Antwort wurde vom Forscher separat in der Variablenansicht berücksichtigt. Der Wert 0 für eine fehlende Antwort ist in unserem Beispiel besser nicht zu vergeben, da auch Personen existieren, die null Stunden angekreuzt haben. Der Forscher hat hierfür einen anderen Wert (außerhalb der Sportstundenskala) als fehlenden Wert dokumentiert. Oft verwenden Forscher für solche Fälle die Werte 99 oder 999, da diese sehr häufig nicht Bestandteil von Antwortskalen sind.

Anschließend an die Datenerfassung und ggf. die Datenaufbereitung können die statistischen Analyseverfahren zum Einsatz kommen, die wir im folgenden Kapitel 7 exemplarisch betrachten.

Zusammenfassung

Eine präzise und gut dokumentierte Datenerfassung ist für den Forscher essenziell, um sich für die nachfolgende Datenanalyse zu rüsten. In der quantitativen Forschung kommt spezielle Statistiksoftware zum Einsatz, die die Dateneingabe, die Datendokumentation und die Datenanalyse erheblich vereinfacht. Alle Programme verfügen über umfassende Hilfen und Handbücher, jedoch sind manche Programme mit Kosten für Lizenzen verbunden. Während der Datenaufbereitung prüft der Forscher die Verteilung der Variablen, benennt ggf. fehlende Werte, bildet neue Variablen oder stellt – bestenfalls – keine Anomalien fest.

Aufgabe zur Selbstüberprüfung

AUFGABE 6.1:

Nutzen Sie PSPP, SPSS® (als Testversion) oder Excel und bewerten Sie folgende Daten von neun Personen:

Person	1	2	3	4	5	6	7	8	9
Gläser Alkohol pro Woche	2	0	2	8	2	0	1	2	0
Minuten Sport pro Woche	60	120	30	10	60	480	30	120	0

a) Geben Sie die Daten in die Software ein.
b) Erstellen Sie einen Kodeplan.
c) Gibt es Anomalien? Wenn ja, welche?

7 Methoden der quantitativen Datenanalyse

Wenn Sie dieses Kapitel bearbeitet haben, können Sie ausgewählte Statistiken erläutern, die Sie für die quantitative Datenanalyse nutzen. Sie können erklären, welche Aussagen bei der Analyse einer Variablen möglich sind. Weiterhin können Sie beschreiben, wie zwei Variablen in Beziehung zueinander gesetzt und wie mehr als zwei Variablen analysiert werden. Sie können die genannten quantitativen Analysemethoden nach Skalenniveaus zuordnen sowie erste Ergebnisse erzeugen und interpretieren. Sie sind in der Lage, die Verfahren der deskriptiven und induktiven Statistik zu differenzieren und anhand Ihrer wissenschaftlichen Fragestellung in der Aussagekraft einzuschätzen.

Wir befinden uns nun im „Herzstück" der quantitativen Forschungsarbeit. Während der Forscher bis hierhin alles dafür getan hat, dass er seine Fragestellung gut operationalisiert messen kann, bei der Durchführung auf eine quantitative Erhebungsmethode zurückgegriffen hat, die Daten gut erfasst und aufbereitet hat, beschäftigt er sich nun mit der Datenauswertung. Was herauskommt, weiß er vorab nicht. Findet er besondere, neue Erkenntnisse? Kann er eine Hypothese bestätigen oder sprechen die Ergebnisse dagegen?

Lassen Sie uns die Datenanalyse schrittweise durchlaufen, in der Komplexität ansteigend. Beginnen wir mit den eindimensionalen Verteilungen.

7.1 Eindimensionale Verteilungen

Unter **eindimensionalen Verteilungen** versteht man die Analyse einer Variablen, d. h. beispielsweise die Analyse des Antwortverhaltens der Variablen „Sport". In einem ersten Schritt lassen sich die absoluten und prozentualen Häufigkeiten abbilden, die Sie bereits im sechsten Kapitel in folgenden Abbildungen kennengelernt haben:

Abb. 6.4. und Abb. 6.5. Die Häufigkeiten können in Tabellen oder Grafiken anschaulich gemacht werden. Als Grafik kommt i. d. R. ein Balkendiagramm (vgl. Abb. 7.1) infrage. Bei wenigen Antwortkategorien (z. B. bei Nominalskalen) bietet sich auch ein Kreisdiagramm an.

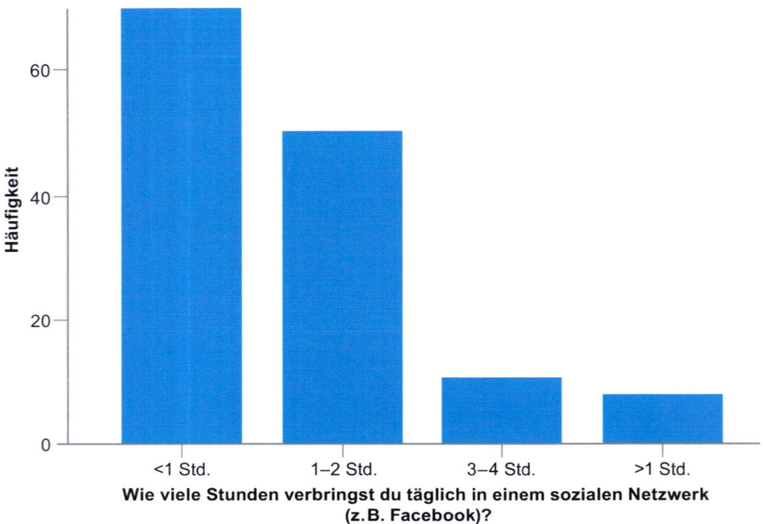

Abb. 7.1: Balkendiagramm der Variablen „Soziale Netzwerke“

Sie sehen in Abb. 7.1 eine linkssteile (rechtsschiefe) Verteilung und könnten nun prozentuale Werte nennen, wie viele Personen insgesamt täglich sehr viel oder sehr wenig in sozialen Netzwerken aktiv sind. Wir könnten uns auch für die Mitte der Verteilung interessieren, uns also fragen, wo 50 % der Werte liegen. Diese Statistik wird **Median** genannt. Wir könnten uns, sofern es sich um eine mindestens intervallskalierte Variable handelt, für den Mittelwert interessieren sowie für die zugehörige Standardabweichung. Wir könnten uns auch fragen, welche Antwort insgesamt am häufigsten genannt wurde. Diese Statistik wird **Modus** genannt.

Lassen wir uns die Statistiken mit einer Software ausgeben, so könnten wir folgende Ergebnisse für zwei exemplarische Variablen erhalten:

Statistiken

		Wie viele Stunden verbringst du täglich in einem sozialen Netzwerk (z.B. Facebook)	Wie viele Stunden in der Woche treibst du Sport
N	Gültig	139	138
	Fehlend	0	1
Mittelwert		1,69	4,125
Median		1,00	4,000
Modus		1	2,0
Standardabweichungen		,850	2,8569
Minimum		1	,0
Maximum		4	15,0

Abb. 7.2: Statistiken für die Analyse einer Variablen

Betrachten wir die Variable „Soziale Netzwerke“, so müssen wir zunächst das Skalenniveau berücksichtigen. Bei dieser Variablen handelt es sich um eine Ordinalskala. Wir dürfen somit eine Aussage über die Reihenfolge, nicht jedoch über Differenzen treffen. Die Angabe des Mittelwerts und der Standardabweichung darf an dieser Stelle nicht interpretiert werden, weil die Formeln mathematische Operationen besitzen, die auf dem Skalenniveau nicht zulässig sind. Der Median liegt bei 1 (< 1 Stunde). Das bedeutet, dass mindestens 50 % der Personen den Wert 1 (< 1 Stunde) angegeben haben. Dies deutet auf eine linkssteile Verteilung und wenig Variation in den Antwortkategorien hin. Der Modus liegt ebenfalls in der Kategorie 1.

Bei der Variablen „Sport“ können wir dagegen vom Verhältnisskalenniveau ausgehen und sowohl den Mittelwert als auch die Standardabweichung errechnen. Im Schnitt treiben Personen 4,13 Stunden Sport; davon gibt es eine durchschnittliche Abweichung von 2,86 Stunden, d. h. das Antwortverhalten weicht durchschnittlich bis 6,99 nach oben und bis 1,27 nach unten ab. Im Vergleich können manche Verteilungen mehr, andere weniger vom Mittelwert abweichen. Je näher die durchschnittliche Abweichung am Mittelwert liegt, desto homogener und zentrierter ist die Verteilung (vgl. Kap. 2.3.4).

7.2 Zweidimensionale Verteilungen

Während sich die Analyse eindimensionaler Verteilungen auf das Antwortverhalten von Personen auf einer Variablen begrenzt, ist die Analyse **zweidimensionaler Verteilungen** für Aussagen über Zusammenhänge, Unterschiede oder Veränderungen geeignet. Bereits in Kapitel 1.5 haben Sie Hypothesen kennengelernt, die für den Forscher interessant zu prüfen sein könnten. Auch bei den zweidimensionalen Verteilungen müssen wir das Skalenniveau der beiden Variablen berücksichtigen.

Weiterhin empfiehlt es sich festzulegen, welche Variable die jeweils andere Variable beeinflussen könnte. Während in Experimenten eine unabhängige Variable systematisch verändert wird, um den Effekt auf die abhängige Variable zu testen (vgl. Kap. 4.1), können wir auch in einem Fragebogen (der nicht in einem Experiment eingesetzt wird) definieren, welche Variable als unabhängig gilt. Betrachten wir in nachfolgendem Praxisbeispiel eine Fragestellung.

PRAXISBEISPIEL 7.1:

Sie möchten gerne wissen, ob es einen geschlechtsspezifischen Unterschied im Ernährungsverhalten gibt. Was wollen Sie erklären? Sie wollen das Ernährungsverhalten erklären, d. h. warum sich Personen auf bestimmte Weise ernähren und wovon dies ggf. abhängt. Sie haben die Vermutung, dass das Geschlecht einen Unterschied machen könnte. Das Geschlecht ist demnach die unabhängige Variable, die die abhängige Variable „Ernährungsverhalten" erklären soll.

Das Geschlecht kann im Übrigen kaum erklärt werden (es sei denn auf der Basis medizinischer oder biologischer Grundlagen). Somit ist das Geschlecht immer eine unabhängige Variable.

ÜBUNG 7.1:

Sie möchten prüfen, ob es einen Zusammenhang zwischen Studiennoten und Studienmotivation gibt. Welche der Variablen ist unabhängig?

Überlegen Sie bei dieser Übung, was Sie erklären möchten und welcher Variablen Sie einen Effekt unterstellen.

In manchen Fällen kann sowohl die eine als auch die andere Variable als unabhängige Variable angesehen werden. Sie können sich dann entweder für eine bestimmte Variable als unabhängige Variable entscheiden oder Sie bleiben dabei und sehen beide Variablen als gleichwertig an. In diesem Fall sprechen wir in der quantitativen Datenanalyse von einer **symmetrischen Fragestellung**.

Kommen wir nochmals auf das Skalenniveau zurück: Welche Verfahren stehen Ihnen zur Verfügung, wenn Sie Beziehungen oder Unterschiede von zwei Variablen untersuchen möchten? Tab. 7.1 stellt eine exemplarische Auswahl der bekanntesten Auswertungsverfahren dar, die noch um viele weitere Auswertungsmethoden ergänzt werden können. Die Tabelle bezieht sich auf Verfahren der deskriptiven Statistik, d. h. die Zielsetzung ist, die Ergebnisse nur auf Basis der vorliegenden Stichprobe zu interpretieren. Die einzelnen Verfahren werden hier aber nicht weiter erläutert. In Kapitel 7.4 werden wir zusätzlich Verfahren aufführen, die von der Stichprobe auf eine Population generalisieren und die wir noch nicht untersucht haben.

Tab. 7.1: Auswahl von statistischen Datenanalysemethoden für zwei Variablen

Skalenniveau	Statistische Analyseverfahren
2 x Nominalskala	Kreuztabelle, gruppierte Balkendiagramme, Chi-Quadrat, Phi-Koeffizient, Cramérs V, Kontingenzkoeffizient C, Lambda
2 x Ordinalskala	Kreuztabelle, Boxplot, Gamma, Somers' D, Kendalls Tau A, Tau B und Tau C, Spearmans Rho
2 x Intervallskala	Streudiagramm, Pearson-Korrelation, einfache Regressionsanalyse, Determinationskoeffizient
Nominalskala (unabhängige Variable) x Intervallskala	Streudiagramm, Eta, Eta-Quadrat, punktbiseriale Korrelation
Nominal- oder Ordinalskala als abhängige Variable	logistische Regression

7.3 Mehrdimensionale Verteilungen

In wissenschaftlichen Fragestellungen sind oft mehrere Variablen an Zusammenhängen beteiligt. Denken wir beispielsweise an die Einschätzung der Lebensmittelvielfalt zurück, so könnten wir die Auffassung vertreten, dass die Häufigkeit des Einkaufens, Eigenschaften des Einkaufsmarkts, persönliche Einstellungen und Haltungen der einkaufenden Person oder auch die Medien eine wichtige Rolle für die Erklärung spielen. Wir hätten demnach eine Fragestellung, für die mehrere unabhängige Variablen eine Rolle spielen (**mehrdimensionale Verteilung**). All diese Variablen könnten einen Einfluss auf die abhängige Variable haben. Auch untereinander könnten sich die unabhängigen Variablen bedingen. So könnte die Häufigkeit des Einkaufens mit dem entsprechenden Einkaufsmarkt zusammenhängen.

Sie hätten somit ein umfassenderes Erklärungsmodell, das auch komplexere statistische Datenanalysemethoden erforderlich macht. Viele weitere Fragestellungen sind denkbar – insbesondere auch Fragestellungen, die nach einer Struktur in vielen Variablen suchen. Die Auswertungsmethoden fokussieren sich hierbei auf das Aufdecken einer gemeinsamen Dimension (auch Faktor genannt), der als latente Größe die Struktur einer Gruppe von Variablen beeinflusst. Tab. 7.2 stellt abermals eine exemplarische Auswahl dar und umfasst bei weitem nicht alle denkbaren Analysemethoden der quantitativen Forschung, die in entsprechenden weiterführenden Statistikbüchern genauer dargelegt werden. Wir empfehlen, bei komplexen Fragestellungen statistisches Expertenwissen hinzuzuziehen, da hier viele Fehlerquellen lauern und Entscheidungen zu treffen sind.

Tab. 7.2: Auswahl an statistischen Analyseverfahren für mehrdimensionale Verteilungen

Fragestellung	Statistische Analyseverfahren
mehrere unabhängige Variablen x Intervallskala	multiple Regression, schrittweise Regression, hierarchische Regression, multipler Korrelationskoeffizient, multipler Determinationskoeffizient
mehrere Variablen, die auf eine gemeinsame Dimension und Zusammenhänge geprüft und ggf. zu Gruppen zusammengefasst werden	Faktorenanalyse, ordinale Faktorenanalyse, nominale Faktorenanalyse, Clusteranalyse, multidimensionale Skalierung, Strukturgleichungsmodelle

7.4 Inferenzstatistisches Testen

Sofern Sie wissenschaftliche Fragestellungen auf eine Population verallgemeinern möchten (vgl. Kap. 1.5), kommen Verfahren zum Einsatz, die der **Inferenzstatistik** (auch induktive Statistik genannt) zugeordnet sind. Die Formulierung einer Null- und einer Alternativhypothese steht im Vordergrund und kann mit **Signifikanztests** geprüft werden.

Greifen wir unser Beispiel zu den 2.700 Kalorien nochmals auf, die die meisten Personen täglich konsumieren (vgl. Praxisbeispiel 1.7). So möchten wir an einer bestimmten Stichprobe (z. B. Studierende der Ernährungswissenschaften) testen, ob sich der gefundene Mittelwert in der Stichprobe signifikant von den 2.700 Kalorien unterscheidet. Die Annahme ist, dass sich die Studierenden kalorisch anders ernähren als die Population im Mittel. Wir testen beidseitig, d. h. wir gehen davon aus, dass ein höherer oder ein geringerer Wert entstehen kann. Die Nullhypothese nimmt keinen Unterschied an (vgl. Kap. 2.3.4). Für die Entscheidung nutzen wir einen Signifikanztest. Der Signifikanztest enthält in seinem Namen bereits den Begriff „Signifikanz".

> Von **Signifikanz** sprechen wir, wenn das gefundene Ergebnis nicht mehr im Einklang mit der Nullhypothese steht. Es wurde also ein Ergebnis erzielt, das einen Unterschied, Zusammenhang oder Effekt vermuten lässt, da es zu stark vom Nullwert abweicht.

In unserem Fall ist die Null mit 2.700 Kalorien gleichzusetzen. Die Abweichung von 2.700 Kalorien wäre signifikant, und wir würden die Nullhypothese verwerfen und die Alternativhypothese akzeptieren.

> Man fragt sich bei Signifikanztests also stets, ob das realisierte Ergebnis unwahrscheinlich genug ist, um der Nullhypothese zu widersprechen. In der Regel wird in der Wissenschaft diese Wahrscheinlichkeit mit einem Wert von $p < 5\ \%$ versehen. Andere Grenzen sind jedoch denkbar, z. B. finden sich in der Physik oft viel kleinere p-Werte als Grenze der statistischen Signifikanz.

Alternativ können auch Konfidenzintervalle zum Einsatz kommen, wenn Sie keine Hypothesen testen, sondern die Lage eines bestimmten Werts in einem Bereich explorieren möchten. Hier wird dann von Schätzen anstatt von Testen gesprochen. An dieser Stelle können wir die Logik der Inferenzstatistik nicht detaillierter bearbeiten, da dies ein spezifisches Teilgebiet der Statistik ist, das gesondert in statistischen Lehrbüchern behandelt wird.

Zusammenfassung

Die Methoden der quantitativen Datenanalyse lassen sich in drei große Bereiche einteilen: Während sich eindimensionale Analyseverfahren auf eine Variable fokussieren, können zwei- und mehrdimensionale Methoden Aussagen über Zusammenhänge, Unterschiede oder Veränderungen treffen. Sofern eine Verallgemeinerung der Ergebnisse auf eine Population erfolgen soll, sind inferenzstatistische Datenanalysemethoden geeignet.

Jede quantitative wissenschaftliche Fragestellung kann mit einem zugehörigen Datenanalyseverfahren untersucht werden. Dabei sind Voraussetzungen (beispielsweise das Skalenniveau) und die Definition des Forschers von unabhängigen bzw. abhängigen Variablen oder einer Symmetrie zu beachten. Sofern mehrere unabhängige oder mehrere abhängige Variablen für ein Erklärungsmodell genutzt werden, sind die Beziehungen aller Variablen untereinander genau zu prüfen.

Aufgaben zur Selbstüberprüfung

AUFGABE 7.1:

Interpretieren Sie folgende Werte für die Variable „Wie alt sind Sie?“:

a) Mittelwert = 26,7
b) Median = 26
c) Modus = 25
d) Standardabweichung = 2,5

AUFGABE 7.2:

Eine wissenschaftliche Fragestellung möchte das Alter und die Anzahl eigener Kinder im Haushalt untersuchen.

a) Welche der beiden Variablen ist unabhängig?

b) Begründen Sie Ihre Antwort zu a).

8 Methoden der qualitativen Datenanalyse

Wenn Sie dieses Kapitel bearbeitet haben, können Sie ausgewählte qualitative Auswertungsmethoden beschreiben, die für qualitative Fragestellungen genutzt werden. Sie können erklären, welche systematischen Regeln Sie befolgen müssen, um zu nachvollziehbaren Aussagen zu gelangen. Sie sind in der Lage, die Verfahren der qualitativen Inhaltsanalyse und der Grounded Theory zu differenzieren und in ihren Grundzügen anzuwenden.

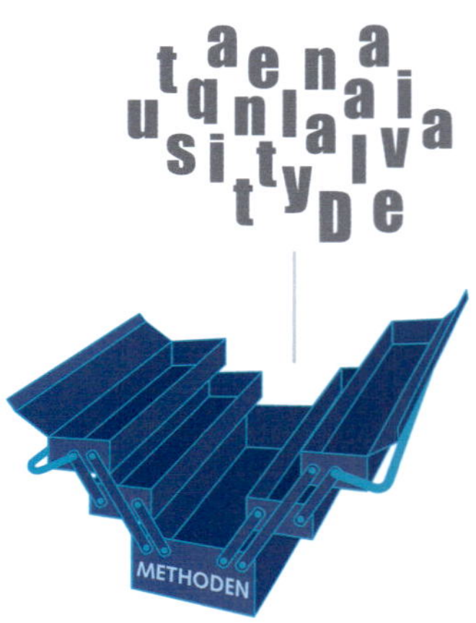

Während es im vorherigen Kapitel um *quantitative* Forschung ging, befinden wir uns nun im „Herzstück" der *qualitativen* Forschungsarbeit. Quantitative Forscher erzeugen Ergebnisse auf Basis von Formeln und mathematisch-statistischen Prozeduren, während qualitative Forscher stark von inhaltlich sinnvollen und nachvollziehbaren Argumentationen geleitet sind. Interviewtextstellen oder Eindrücke aus Beobachtungen müssen so aufbereitet werden, dass ein theoretisches Gerüst entsteht. Dieses Gerüst muss durch das visuelle oder verbale Datenmaterial gestützt werden.

Wir werden im Folgenden exemplarisch zwei sehr bekannte Datenauswertungsmethoden genauer betrachten. Ihnen ist gemeinsam, dass sie sowohl für verbale als auch für visuelle Daten genutzt werden können.

8.1 Qualitative Inhaltsanalyse

Die qualitative Forschung ist in der Auswertungsmethodik an manchen Stellen der quantitativen Forschung sehr ähnlich. So greift auch sie auf Kategorien zurück. Diese Kategorien sind jedoch nicht quantitativer Natur, d. h. wir zählen nicht aus, wie häufig eine Kategorie genannt wurde. Stattdessen sind die Kategorien inhaltlich in unterschiedliche Themenschwerpunkte gegliedert. Auf Basis von Kodes werden beispielsweise Textsegmente aus einem Interview einer bestimmten Kategorie zugeordnet.

Die Kodes stehen dabei für Überlegungen des Forschers, welche Textstellen für eine bestimmte Kategorie sprechen könnten. Der Forscher arbeitet also mit inhaltlichen Kodes. Während in der quantitativen Forschung in einem Plan Kodes für verbale oder numerische Beschriftungen vergeben werden, muss auch der qualitative Forscher festlegen, wie er etwas in seinem Material erkennt.

Ein sehr bekanntes Verfahren in der qualitativen Auswertung ist die **qualitative Inhaltsanalyse** nach Mayring (1989). Die Kategorien und ihre Entwicklung unterliegen einem systematischen Vorgehen. Der Forscher ist dabei nicht völlig offen gegenüber dem Untersuchungsmaterial, sondern geht mit einer deduktiven, ableitenden Taktik an die Auswertung heran. So entwickelt er auf Basis seiner Fragestellung vorab Kategorien, die er für sinnvoll erachtet, sowie ein Kodesystem mit Regeln und prüft dieses später anhand des Materials. Es kann natürlich auch sein, dass neue Kategorien bei der Sichtung entstehen. Das Vorgehen ist darauf bedacht, eine Gliederung vorzugeben. So lassen sich drei Phasen der qualitativen Inhaltsanalyse definieren (vgl. Döring; Bortz, 2016, S. 542):

1. **Zusammenfassung**: Sichtung des Materials und Festlegung der wesentlichen Inhalte der Kurzversion
2. **Explikation**: Klärung unklarer Materialstellen durch weiterführende Informationsquellen über das untersuchte Material hinaus
3. **Strukturierung**: Festlegung einer Struktur des Materials mithilfe von Kategorien, Kodierregeln und Ankerbeispielen

Die Zusammenfassung stellt eine Kürzung des Datenmaterials dar. So halten Sie nicht jeden gesagten Satz eines Interviews für relevant. Sie beschränken sich auf die Interviewstellen, denen Sie eine theoretische Bedeutung unterstellen.

In der Phase der Explikation überlegen Sie, ob Sie noch weitere Informationen benötigen, um zu einer guten Interpretation zu gelangen. Sind die Informationen schlüssig und umfangreich genug? Oder müssen Sie nochmals mit der befragten Person in Kontakt treten und Interviewsequenzen und ihre Bedeutungen genauer beleuchten? Diese beiden Phasen stellen die Vorstufe der tatsächlichen Auswertung dar.

Erst wenn die Grundlage geschaffen ist, können Sie das relevante Material strukturieren. Die Struktur erfolgt durch feste Kodierregeln, an denen Sie Sachverhalte erkennen und die Zuweisung von Datenstellen zu einer inhaltlichen Kategorie vornehmen. Eine Kategorie ist ein Sammel- bzw. Oberbegriff für einen Inhalt. Die Kategorie kann deduktiv bereits vorliegen oder ergibt sich induktiv anhand des Materials (vgl. Kap. 1.3). Stellvertretend für die Kategorie stehen Ankerbeispiele. Lassen Sie uns dieses Vorgehen an einem Beispiel verdeutlichen.

PRAXISBEISPIEL 8.1:

Wir haben ein Interview zum Thema „erfolgreiches Studieren" durchgeführt. Wir haben die Literatur eingehend gesichtet und die Interviews gelesen. Wir könnten zu folgender Strukturierung gelangen (beispielhaft an einer Kategorie):

Kategorie	Kodierregel	Ankerbeispiel
misserfolgsorientierte Leistungszuschreibung	bezieht alle Merkmale der Leistungsorientierung ein, bei denen der Erfolg auf externe und der Misserfolg auf interne Ursachen bezogen wird	„Also, dass ich da mal den Glücksfall hatte und das Fach mit einer 1,0 bestanden habe, das habe ich nicht erwartet. Die Klausur war einfach zu leicht. Woanders hätte ich nicht bestanden. Ich habe kein Verständnis für Formeln."

ÜBUNG 8.1

Schauen Sie sich nun noch einmal die Illustration, die zu Beginn des Kapitels 8 steht, an und versuchen Sie, das Wirrwarr der Buchstaben zu einem sinnvollen Begriff zu strukturieren.

TIPP

Zur Lösung des Rätsels müssen Sie sich im Sinne der Explikation nur vor Augen führen, worum es in diesem Kapitel geht, und auch wenn Sie für diese Übung keine Kodierregeln benötigen, üben Sie sich dennoch im strukturierten Denken.

Auf Grundlage des Beispiels müssten wir nun fortfahren und dem Datenmaterial viele weitere Kategorien zuweisen. Im Laufe dieses Prozesses werden Sie umfangreiches Material ansammeln und Interviews untereinander vergleichen, sodass es sinnvoll ist, die Auswertung durch eine Software zu begleiten.

HINWEIS:
MAXQDA stellt eine kostenlose App zur Verfügung, um die Kodierung zu erleichtern. Eine kurze Beschreibung und weiterführende Hilfen finden Sie beim Anbieter. Auch die Software f4 bietet ähnliche Funktionen.

8.2 Grounded Theory

Bereits im Kontext der theoretischen Stichprobenziehung (vgl. Kap. 2.2) haben Sie die **Grounded Theory** als qualitative Methode kennengelernt. Die Grounded Theory nach Glaser und Strauss (1967) analysiert ebenfalls Datenmaterial auf Grundlage von übergeordneten Themen. Dabei verfolgt sie aber das explizite Ziel, eine neue Theorie zu begründen. Hierzu bedient sie sich einer umfassenden theoretischen Stichprobenziehung, die Gemeinsamkeiten, aber auch Unterschiede des Materials herausarbeitet. Muster sollen erkannt und definiert werden.

Auch das Vorgehen der Grounded Theory bezieht sich in der Datenauswertung auf bestimmte Techniken des Kodierens, die eingehalten werden müssen. Ähnlich wie bei der qualitativen Inhaltsanalyse sollen Kategorien entstehen, dies jedoch in einem weitaus offeneren, induktiven Prozess. Die Phasen des Kodierens lassen sich wie folgt zusammenfassen, sie sind hierarchisch gegliedert:

1. **Offenes Kodieren**: Auf Basis des Materials fragt sich der Forscher: Was passiert in der Datenstelle? Was repräsentiert die Datenstelle?
2. **Axiales Kodieren**: Welche äußeren Bedingungen zeigen sich in der Datenquelle? Welche Handlungsstrategien lassen sich im Verhalten der Personen erkennen? Welche Konsequenzen zeigen sich?
3. **Selektives Kodieren**: Es wird eine Kernkategorie festgelegt, die mehrere Kategorien umfasst. Der Forscher fragt sich: Welche Beziehungen bestehen zwischen den Kategorien? Sind die Kategorien theoretisch gesättigt?

Lassen Sie uns das Vorgehen auch hier an einem Praxisbeispiel verdeutlichen.

PRAXISBEISPIEL 8.2:

Nehmen wir eine Beobachtung zum Thema „Arbeitszufriedenheit bzw. Betriebsklima in einem Unternehmen" als Datengrundlage. Wir haben eine Person einen Tag lang begleitet und beobachtet. Wir legen folgende Textstelle zugrunde: „Er telefoniert, spricht sehr schnell, durchsucht seinen Kalender und greift sich immer wieder an den Kopf."

Beim offenen Kodieren fragen wir uns zunächst: Was macht der Mann? Er kommuniziert mit einer anderen Person sehr schnell, versucht sich schnell mitzuteilen. Er sucht etwas. Er hat Kopfschmerzen, das Verhalten repräsentiert Überforderung oder es steht für ein normales Verhalten dieser Person.

Beim axialen Kodieren fragen wir u. a. nach den Bedingungen. Das Verhalten haben wir öfter beobachtet. Was führt dazu? Unter welchen Bedingungen spricht er schnell oder greift sich an den Kopf? Eine Antwort: Die Person zeigt das Verhalten, wenn andere Personen im Betrieb ein Aufgabenergebnis von ihr einfordern.

Wir könnten abschließend im selektiven Kodieren zu der Auffassung gelangen, dass es einer Kategorie entspricht, die Stress bedeutet (unter der Annahme, wir haben das Verhalten öfter beobachtet). Weiterführende Analysen in anderen Situationen bzw. bei anderen Personen könnten für uns noch wichtig sein, um Stress tatsächlich hierauf zurückführen zu können.

Die Grounded Theory ist komplexer als die qualitative Inhaltsanalyse und verlangt den Forschenden nicht nur in der Auswertung viel ab. Der gesamte Prozess der Forschung wird von einem offenen, theorieergründenden Verfahren geleitet. Der investierte Aufwand lohnt sich jedoch, wenn Sie neue Theorien entdecken möchten.

Zusammenfassung

Die Methoden der qualitativen Datenanalyse umfassen ein breites Spektrum an inhaltlichen Auswertungsmöglichkeiten. Im Vergleich zur quantitativen Datenanalyse ist in vielen Fällen mit sehr viel mehr Datenmaterial zu rechnen.

Die Daten werden dabei oft zu Kategorien reduziert. Während die qualitative Inhaltsanalyse diese Kategorien deduktiv und induktiv generiert, ist in der Grounded

Theory ein induktiver Ansatz stärker vertreten, der weit in die Stichprobengewinnung hineinreicht.

Beiden Verfahren ist gemeinsam, das sie den Auswertungsprozess mit eigenen Regeln (z. B. Kodierregeln) strukturieren, denen der/die Forscher/-in folgen muss. Qualitative Forschung ist somit nicht komplett subjektiv und frei in ihren Auswertungsmethoden, sondern legt sehr viel Wert auf ein systematisches und nachvollziehbares Vorgehen.

Aufgaben zur Selbstüberprüfung

AUFGABE 8.1:

Entwickeln Sie in Anlehnung an das Beispiel 8.1 eine weitere Kategorie mit Kodierregel und möglichem Ankerbeispiel für das „erfolgreiche Studieren".

AUFGABE 8.2:

Bewerten Sie folgende Interviewtextstelle nach dem offenen, axialen und selektiven Kodieren der Grounded Theory: „Ich bin so müde [lacht]. Immer wenn ich nur an all die Aufgaben denke, die ich noch bewältigen muss, bekomme ich eine innere Unruhe."

9 Dem Fehler auf der Spur

Wenn Sie dieses Kapitel bearbeitet haben, können Sie erläutern, welche Fehler im Rahmen des Forschungsprozesses auftreten und wie diese am besten kontrolliert werden können. Sie können die Hauptgütekriterien der quantitativen Forschung benennen und einschätzen, wie objektive, reliable und valide Ergebnisse gewährleistet werden. Im Rahmen der qualitativen Forschung können Sie Kriterien der argumentativen Interpretationssicherung, der Triangulation, der Dokumentation und der kommunikativen Validität diskutieren. Nach Abschluss dieses Kapitels können Sie Fehler nicht nur benennen, sondern auch identifizieren, vorab kontrollieren und im Nachhinein reflektieren.

In den Kapiteln 7 und 8 haben wir Verfahren erörtert, die Daten auswerten und interpretieren. Nun könnte man meinen, dass der Forschungsprozess bei dieser Stufe endet (vgl. Kap. 1.2). Wir müssen uns aber fragen, auf welcher Grundlage die Daten und Ergebnisse entstanden sind:

- Sind irgendwelche Störungen während des Forschungsprozesses aufgetreten?
- Hat sich der Forscher in einer qualitativen Forschung zu stark mit dem Feld identifiziert?
- Ist der quantitative Forscher während eines Experimentes so aufgetreten, dass er die Untersuchungspersonen über seine Erwartungshaltung informiert hat?
- Ist der Forscher in einem qualitativen Interview vom Leitfaden stark abgewichen und hat suggestive Fragen gestellt?
- Sind Variablen in einem Fragebogen mit einer Tendenz zur mittleren Kategorie beantwortet worden?

All diese Fragen stehen exemplarisch für Fehler, denen wir auf die Spur kommen müssen. Sie können schon früh im Forschungsprozess auftreten, aber genauso auch am Ende bei der Auswertung der Daten.

Um einen Großteil der Fehler a priori zu vermeiden, haben quantitative und qualitative Forschung Gütekriterien benannt.

9.1 Gütekriterien

Im Folgenden betrachten wir die **Gütekriterien** in quantitativer und qualitativer Forschung. Anschließend stellen wir weitere Fehlerquellen dar. Beginnen wir bei den Hauptgütekriterien der quantitativen Forschung

9.1.1 Quantitative Forschung

Im Rahmen der quantitativen Forschung sollen objektive, verlässliche und gültige Aussagen generiert werden, was als drei Gütekriterien aufgefasst wird.

Objektivität

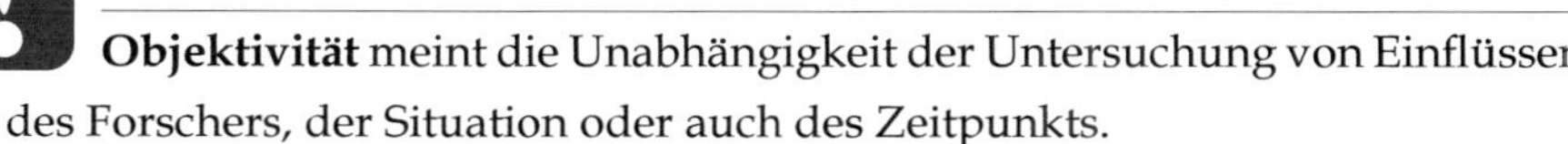

Objektivität meint die Unabhängigkeit der Untersuchung von Einflüssen des Forschers, der Situation oder auch des Zeitpunkts.

Das gelingt besonders gut, wenn eindeutige Vorgaben vorliegen, wie der Forscher sich zu verhalten hat. Objektivität wird hierzu in drei Phasen gegliedert:

1. **Durchführungsobjektivität**: Die Studie sollte einheitlich durchgeführt werden. Die Studienbedingungen sollten immer gleich sein. Wenn Sie beispielsweise mehrere Gruppen untersuchen, sollten Sie darauf achten, dass Sie immer gleich vorgehen. Dies gelingt, wenn Sie feste Instruktionen (z. B. zur Fragebogenausfüllung, zum Ziel des Fragebogens, zum Umgang mit Nachfragen) vorliegen haben. Es würde dann keinen Unterschied machen, ob Sie oder eine andere Person die Befragung durchführt.

2. **Auswertungsobjektivität**: Die Auswertung darf nicht vom Auswertenden abhängig sein. Sie müssen den gleichen Personen gleiche Zahlenwerte zuordnen, wie ein Kollege es tun würde. Dies erreichen Sie durch Hinzuziehen eines festen Kodeplans.

3. **Interpretationsobjektivität**: Die Interpretation muss einheitlich sein. Egal, ob Sie oder eine andere Person die Ergebnisse interpretiert: Es darf keinen Unterschied machen. Dies gelingt Ihnen durch feste Wertebereiche und Regeln der Statistik.

Reliabilität

Während die Objektivität eine höchstmögliche Standardisierung und Freistellung von Subjektivität fordert, baut das Gütekriterium auf dieser auf und fordert noch eine weitere Voraussetzung: Die **Reliabilität** misst, ob die Studienergebnisse verlässlich, d. h. so stabil sind, dass man ihnen vertrauen kann.

Betrachten wir die unterschiedlichen Arten der Reliabilität genauer, so bekommen wir einen Eindruck davon, was sie messen möchte:

1. **Retest-Reliabilität**: Sofern eine Studie ein zweites Mal an denselben Personen durchgeführt wird (und keine bewusste Intervention erfolgt), sollten die Ergebnisse über die Zeit hinweg gleich bleiben. Stellen wir uns einen Fragebogen zum Thema „Lebensmittelvielfalt“ vor, so sollte er keinen kurzlebigen Eindruck unserer Befragten widerspiegeln, sondern für eine gewisse Zeit verlässlich sein.
2. **Paralleltest-Reliabilität**: Existiert in der Literatur bereits ein Fragebogen zu dem Forschungsthema, das auch in der Studie abgefragt wird, und ist er dem entwickelten Fragebogen sehr ähnlich, so könnten Befragte beide Fragebögen ausfüllen. Es sollten sich ähnliche Ergebnisse zeigen, um den Forschungsfragebogen als zuverlässig einschätzen zu können.
3. **Split-Half-Reliabilität**: Sollte kein Paralleltest vorliegen und auch ein Retest schwierig sein, kann der bestehende Fragebogen in zwei Hälften geteilt werden. Voraussetzung hierfür ist, dass die beiden Hälften aus einer Skala von Fragen bestehen, die inhaltlich ein gemeinsames Thema beleuchten. Sofern das Antwortverhalten der Personen in Hälfte 1 ihrem Antwortverhalten in Hälfte 2 entspricht, können wir von einem genauen Fragebogen ausgehen. Stellen wir uns beispielsweise eine Skala zum Thema „Zufriedenheit“ mit zehn Fragen vor, so würden wir die zehn Fragen (zufällig oder nach Nummerierung) in zwei Hälften teilen und den Zusammenhang der Antworthälften berechnen.
4. **Interne Konsistenz**: Abschließend wäre es auch möglich, den Fragebogen in so viele Hälften zu teilen, wie er Fragen besitzt (sofern diese sich ein Thema teilen), und jede einzelne Frage im Hinblick auf das Antwortverhalten der Be-

fragten auf die nächste Frage hin zu untersuchen. Wenn Personen beispielsweise einen geringen Wert bei der Aussage „Ich fühle mich in meinem Kollegenkreis wohl“ ankreuzen, sollten sie auch bei der Aussage „Ich würde gerne Teamarbeit vermeiden“ einen kongruenten, hier also höheren Wert angeben.

Validität

Während die Reliabilität lediglich darauf achtet, dass Untersuchungen zeitlich stabil und genau sind, legt die **Validität** noch einen weiteren Schwerpunkt. Sie fragt danach, ob das, was genau gemessen wird, auch das ist, was der Forscher inhaltlich messen möchte.

Die Validität unterteilt sich in folgende Arten:

1. **Inhaltsvalidität**: Der Forscher muss sich fragen, ob seine Variablen auch das Thema erforschen, das er sich wünscht. Hierzu kann er jede einzelne Frage und auch Antwortkategorie genau beleuchten und auf Basis der Literatur und guter Argumentation festlegen, warum die Variablen so operationalisiert wurden.
2. **Kriteriumsvalidität**: Andere (bereits validierte) Fragebögen können zum Vergleich des eigenen konstruierten Fragebogens genutzt und anhand einer Personengruppe getestet werden. Andere Personen aus der Forschung oder Expertinnen und Experten auf dem Inhaltsgebiet können um ihre Einschätzung des Fragebogens gebeten werden.
3. **Konstruktvalidität**: Statistische Analysen können Themengruppen extrahieren und dem Forscher aufzeigen, ob tatsächlich eine Skala „Zufriedenheit“ oder mehrere Skalen (z. B. „berufliche Zufriedenheit“ und „familiäre Zufriedenheit“) gemessen werden. Weiterhin sollten inhaltlich unterschiedliche Fragen nicht miteinander zusammenhängen, inhaltlich ähnliche Fragen jedoch sehr wohl.

Diese quantitativen Gütekriterien mögen Ihnen sehr umfangreich erscheinen. Sie haben sich über Jahrzehnte historisch aus der klassischen Testtheorie entwickelt. Insbesondere die Reliabilität und Validität verlangen Verfahren, die von einer bestimmten Zielsetzung ausgehen:

Die quantitativen Gütekriterien gehen von einem Fragebogen (oder sogar Test) aus, der Bestand haben und weiter in Forschung oder Diagnostik genutzt werden soll. Bei der Konstruktion vieler wissenschaftlicher Fragebögen und einer einmaligen Studiendurchführung können (müssen aber nicht) alle Gütekriterien Anwendung finden.

9.1.2 Qualitative Forschung

Nachdem wir die Gütekriterien der quantitativen Forschung zusammenfassend betrachtet haben, könnten wir uns die Frage stellen, ob diese auch in der qualitativen Forschung Anwendung finden. Während der quantitative Forscher auf größtmögliche Standardisierung setzt, ist es gerade ein Qualitätsmerkmal in der qualitativen Forschung, den Forscher als Subjekt einzusetzen. Dies kann aber nicht vollkommen frei erfolgen, und so muss der Forscher sehr genau dokumentieren, wie er seine Daten erfasst, ausgewertet und interpretiert hat. Dieses Gütekriterium nennt sich **systematische Dokumentation**.

Wenn er Ergebnisse darstellt, muss er diese argumentativ begründen, sodass sie nachvollziehbar für andere Forscher sind. Dieses Gütekriterium nennt sich **argumentative Interpretationssicherung.**

Der Begriff der Validität kann insofern übertragen werden, als auch der qualitative Forscher gewährleisten muss, was er wie untersucht. Um seine Ergebnisse und Interpretationen tatsächlich richtig zu deuten, sollte er mit den untersuchten Personen, mit anderen Forschern, ggf. auch mit Laien kommunizieren und seine Sichtweise austauschen. Dieses Gütekriterium nennt sich **kommunikative Validität**.

Auch das Generieren anderer Perspektiven durch den Einsatz weiterer qualitativer oder auch quantitativer Methoden ist möglich. Ein solches Vorgehen nennt sich **Triangulation**.

Dem qualitativen Forscher stehen somit, genau wie dem quantitativen Forscher, viele Verfahren offen, um die Aussagekraft der Ergebnisse vorab positiv zu beeinflussen und Fehler zu vermeiden. Die Gütekriterien sollten in der Forschung in den Grundzügen immer berücksichtigt und in der Beschreibung des methodischen Vorgehens reflektiert werden.

Besondere Fehler ergeben sich im Rahmen des inferenzstatistischen Testens, das wir im nächsten Unterkapitel kurz veranschaulichen wollen.

9.2 α- und β-Fehler

Wie Sie in den Kapiteln 1.5 und 7.4 gesehen haben, bezieht sich die Inferenzstatistik auf die Generalisierung eines Stichprobenergebnisses für eine Population. Da eine Stichprobe – im Idealfall eine Zufallsstichprobe – immer auch mit Fehlern behaftet sein kann, sind wir nie hundertprozentig sicher, ob das Stichprobenergebnis auch tatsächlich die Population widerspiegelt.

Nehmen wir beispielsweise an, dass wir 50 Personen befragen, welche Einschätzung sie zur deutschen Lebensmittelvielfalt haben. Wir wissen nicht, ob diese 50 Personen in der Studie Millionen andere Personen in ihrer Meinung vertreten. Wenn wir eine Zufallsstichprobe ziehen, kann es auch zufällig sein, dass sich ein ganz anderes Ergebnis zeigt. Egal, wie oft wir 50 Personen immer wieder befragen: Sehr wahrscheinlich ergeben sich immer wieder Abweichungen.

Wie also kann es gelingen, überhaupt zuverlässige Schätzungen zu tätigen? Hierzu ist die Definition von Fehlerwahrscheinlichkeiten wichtig.

Fehlerwahrscheinlichkeiten legen fest, wie hoch unsere subjektive Bereitschaft ist, einen Fehlschluss zu akzeptieren.

Auf diese Weise wird der Signifikanztest in seiner Testentscheidung für eine bestimmte Hypothese genauer (vgl. Kap. 7.4). Betrachten Sie Tab. 9.1.

Tab. 9.1: Fehlentscheidungen in der Inferenzstatistik

		Population	
		H0 gilt	**H1 gilt**
Stichprobe	**H0 angenommen**	richtig	falsch (β-Fehler)
	H1 angenommen	falsch (α-Fehler)	richtig

Wenn wir exakt das Ergebnis auf Basis der Stichprobe erkennen können, das auch in der Population vorliegt, dann haben wir eine richtige Testentscheidung gefällt. Ein Unterschied oder Zusammenhang wird erkannt (H1-Akzeptanz) oder eine Unabhängigkeit aufgedeckt (H0-Akzeptanz).

Nun kann es aber auch passieren, dass wir fälschlicherweise die Alternativhypothese akzeptieren (also von einem Unterschied oder Zusammenhang ausgehen), obwohl in der Population eigentlich kein Unterschied oder Zusammenhang vorliegt. Dieser Fehler wird auch **α-Fehler** genannt. Er ist die Wahrscheinlichkeit, die wir in Kauf nehmen wollen, dass wir etwas als signifikant ausweisen, obwohl es nicht stimmt. Um diese Wahrscheinlichkeit so gering wie möglich zu halten, geht man in der Forschung standardmäßig von 5 Prozent aus. In 5 Prozent aller Studien kann es also passieren, dass wir einen Unterschied oder Zusammenhang annehmen, obwohl er tatsächlich nicht vorliegt. Jetzt mag dieses Vorgehen befremdlich wirken, da Sie nie den wahren Sachverhalt in der Population kennen und sich theoretisch vorstellen müssen, etwas wäre doch wahr oder falsch. Aber genau hierauf baut die Logik des Signifikanztests auf: Dadurch, dass wir mit Unwissenheit und Unsicherheiten kämpfen, ist es besonders wichtig, die Fehlerwahrscheinlichkeit eigenständig zu definieren, um mehr Sicherheit zu erzielen. Wenn wir uns nur in 5 Prozent der Fälle irren, ist das als relativ gut zu bewerten.

Eine andere Variante ist: Sie nehmen auf Basis des Signifikanztests H0 an (d. h. Sie gehen davon aus, dass kein Unterschied oder Zusammenhang besteht), obwohl dieser in der Population tatsächlich vorliegt. Sie konnten diesen Zusammenhang oder Unterschied auf Basis Ihrer Stichprobe nicht aufdecken. Auch das ist natürlich nicht günstig. Dieser Fehler wird **β-Fehler** genannt. Um sich gegen diese Art von Fehlentscheidung bestmöglich abzusichern, wird der ß-Fehler bei maximal 20 Prozent angesetzt, oft auch noch geringer. Nun mag Ihnen auffallen, dass der α-Fehler geringer als der β-Fehler ist. Warum ist das so? Für die Forschung ist es in der Regel schwerwiegend, von einem Effekt (d. h. einem Zusammenhang oder Unterschied) auszugehen, der in Wahrheit aber gar nicht gegeben ist. Diese Problematik wird noch dadurch verstärkt, dass Forscher dazu neigen, signifikante Ergebnisse zu publizieren, und wenn gerade diese falsch sind, führen sie zu falschen Annahmen und Schlussfolgerungen, auf denen ggf. weitere Forschungen aufbauen. In Bezug auf den β-Fehler kann man hingegen pauschal sagen: Wenn ein β-Fehler vorliegt, dann haben die Forschenden etwas (noch) nicht erkannt. Diese Aussagen sind jedoch stets auf Basis der Ausgangsfragestellung zu prüfen, denn manchmal ist es gravierender, genau einen solchen Effekt nicht erkannt zu haben.

Auf Basis dieser beiden Fehlergrößen kann der **optimale Stichprobenumfang** berechnet werden, den Sie benötigen, um einen Effekt aufdecken zu können (wenn er denn tatsächlich vorliegt). Auf die entsprechenden Verfahren haben wir auch in Kapitel 2.3.4 hingewiesen.

HINWEIS:

Sofern Sie im Rahmen der Inferenzstatistik Stichprobenumfänge kalkulieren, können Sie die kostenfreie Software G*Power verwenden. Verfügbar u. a. unter folgendem Link: http://www.aon.media/axkvfy (29.01.2020). Es ist i. d. R. sinnvoll, hierbei mit Statistiker/-innen zusammenzuarbeiten.

9.3 Weitere Fehler im Forschungsprozess

Sowohl im quantitativen als auch im qualitativen Forschungsprozess können noch zahlreiche weitere Fehler auftreten – von der Planung über die Durchführung bis hin zur Auswertung und Interpretation. Einige dieser Fehler können wir vorab sehr gut kontrollieren, indem wir auf die gute Formulierung von Fragen (für einen Leitfaden oder einen schriftlichen Fragenbogen) und Antworten achten, mit Instruktionen oder gut reflektiert ins Feld gehen, unsere Auswertungen systematisch dokumentieren und im Kontakt mit Dritten die Nachvollziehbarkeit sicherstellen.

Es gibt zwei Fehler, in denen sich quantitative und qualitative Forschung sehr ähneln. Der qualitative Forscher setzt auf einen Zugang und Nähe zum Feld, ist oft Teil des Geschehens, möchte das Erleben und Verhalten so erfahren, dass seine eigenen Beurteilungen in die Erfahrung einfließen. Aus einem solchen Vorgehen kann ein großes Problem resultieren, das aber kaum zu kontrollieren ist und daher auch Dilemma genannt wird. Es handelt sich um das **Dilemma von Nähe und Distanz**. Auf der einen Seite muss der Forscher Nähe aufbauen, um durch diese Vertrautheit zu authentischen Informationen zu gelangen. Auf der anderen Seite darf er sich nicht zu stark auf die Nähe einlassen und sich mit den Untersuchungspersonen nicht so stark identifizieren, dass er seine wissenschaftliche Forschungshaltung verliert. Diese Balance einzuüben und zu halten, erfordert sehr viel Erfahrung und Selbstreflexionsvermögen vom qualitativen Forscher.

Der quantitative Forscher ist auch oft im Feld aktiv, zwingt sich jedoch dazu, möglichst objektiv zu bleiben. Eine vollkommene Objektivität existiert nicht, sodass auch er in Situationen gelangen kann, in denen er durch seine Rolle als Leiter einer Untersuchung zu Fehlern beiträgt. Ein Effekt kann hier der **Versuchsleitererwartungseffekt** sein, d. h. der Forscher agiert bewusst oder unbewusst bereits in eine Richtung, die er durch seine Forschung erzielen möchte. Die Untersuchungspersonen lassen sich davon beeinflussen und reagieren dann der Fragestellung angemessen.

Allein das Wissen der Personen, dass sie an einer Untersuchung teilnehmen, kann zu einer Änderung des Verhaltens führen. Dieser Effekt wird auch **Hawthorne-Effekt** genannt. Je nach Datenerhebungsmethode (z. B. Experiment, Beobachtung oder Fragebogen) können dann noch weitere spezifische Fehler hinzukommen.

ÜBUNG 9.1:

Denken Sie an ein Interview. Welche Fehler können dort aufseiten des Interviewers und welche aufseiten des Interviewten auftreten?

TIPP

Falls Ihnen auf Anhieb keine Fehler einfallen, versetzen Sie sich in die Lage des Interviewten. Überlegen Sie, was Sie selbst an einem Interview stören könnte oder schon einmal gestört hat. Sie können Aspekte der Alltagskommunikation auch oft auf die Interviewsituation übertragen.

Sie waren nun ein paar Fehlern auf der Spur. Ein Gespür hierfür zu entwickeln, ist wichtig und stellt eine entscheidende Forschungskompetenz dar, die bereits vor Beginn des eigentlichen Forschungsprozesses vorliegen muss. Die anschließenden Regeln der Datenerhebung und Datenauswertung sind dann nur noch wissenschaftliche Schlüsselkompetenzen, die Sie sich jederzeit aneignen können. Welches Ausmaß Ihre Beschäftigung mit Forschungsmethoden annimmt, hängt von Ihrer eigenen Interessenlage ebenso wie von Ihrer beruflichen Ausrichtung, Studieninteressen etc. ab. Es gibt hierbei sehr viel zu lernen und zu entdecken.

Zusammenfassung

Sowohl die qualitative als auch die quantitative Forschung versucht, Fehlerquellen so weit wie möglich zu kontrollieren. Hierfür wurden Gütekriterien definiert, die als Orientierungshilfe für den Forscher gelten. Während die Gütekriterien der quantitativen Forschung sehr stark die Objektivität und Stabilität (d. h. Reliabilität) von Untersuchungen betonen, nutzen qualitative Forscher ihre Subjektivität und machen diese zu einer besonderen Stärke in ihren Studien. Eine Wiederholbarkeit der qualitativen Messungen ist kaum möglich, denn Interviews und Beobachtungen stellen Momentaufnahmen dar. Jede untersuchte Person wird dabei als Individuum begriffen. Beiden Forschungshaltungen ist jedoch ein hohes Ausmaß an Validität wichtig, d. h. eine Absicherung, ob tatsächlich das gemessen oder erfahren werden konnte, was der Forscher zu messen beabsichtigte.

Die Gütekriterien begleiten die Forschung von Beginn an und sollten stets mit einer Fehlerreflexion einhergehen. In den Phasen des Forschungsprozesses können den Forschenden viele Fehlerquellen begegnen. Eine Offenheit, diese zu erkennen, ist zwingend nötig. Manche subjektiven Fehler lassen sich als Wahrscheinlichkeiten in der Inferenzstatistik vorab kalkulieren.

Aufgaben zur Selbstüberprüfung

AUFGABE 9.1:

Stellen Sie sich vor, dass Sie eine quantitative Befragung zum Thema „erfolgreiches Studieren" durchführen. Diskutieren Sie, wie sich Objektivität, Reliabilität und Validität der Studie einschätzen lassen.

AUFGABE 9.2:

Sie möchten die Nullhypothese „Arbeitszufriedenheit und Krankenstand sind unabhängig" untersuchen. Diskutieren Sie Folgendes:

a) den α-Fehler
b) den ß-Fehler

Schlussbetrachtung

Sie haben in diesem Handbuch einen ersten Einblick in die empirischen Methoden erhalten. Sie können nun wissenschaftliche Fragestellungen und Hypothesen formulieren und wissen, dass solche Formulierungen wichtig sind, um sich von der Alltagsbeobachtung abzugrenzen.

Je nach Fragestellung entscheiden Sie sich für ein bestimmtes Studiendesign und passen dieses an Ihre Zielgruppe an. Auf Basis dieser Entscheidung nutzen Sie quantitative oder qualitative Methoden (oder beide) und wählen potenzielle Teilnehmer Ihrer Studie aus. Sie können Daten mit einer geeigneten Methode erheben und achten bei der Auswertung und Interpretation darauf, möglichst objektiv und nachvollziehbar vorzugehen. Die Schlüsse aus Ihrer Interpretation bereiten Sie so auf, dass nicht nur Ihren Argumenten gefolgt werden kann, sondern auch eine methodische Reflexion im Hinblick auf Fehlerquellen die Ergebnisse relativiert und einordnet. Sie haben somit ein Gespür für Fehler entwickelt und Einsichten gewonnen, worauf es in empirischer Forschung ankommt.

Der Weg hin zu einem erfahrenen Forscher ist ein Prozess mit Stufen eigener Art. Wichtig dabei ist, sich zu trauen, Erfahrungen (positive und negative) zu machen und sich stets intensiv mit den ausgewählten Methoden auseinanderzusetzen. Nutzen Sie auch das Wissen anderer für diesen Weg. Dieses Handbuch stellt einen ersten Schritt dar. Andere Lehrbücher bauen darauf auf und beschreiben Ihnen die Inhalte (z. B. der deskriptiven und induktiven Statistik) detaillierter.

Wir wünschen Ihnen auf Ihrem persönlichen Forschungsweg viel Erfolg.

Lisa Lüdders und Hajo Zeeb

METHODEN

Anhang

Lösungen der Aufgaben zur Selbstüberprüfung

Aufgabe 1.1

a) Vorteile von qualitativen Methoden sind vielfältig. Beispielsweise trifft auf den Forscher Folgendes zu:
   - Er ist sehr nah an den Untersuchungspersonen.
   - Er ist Teil des Feldes, d. h. er erlebt die Personen oftmals in ihrem natürlichen Umfeld.
   - Er kann sich flexibel auf die Personen einstellen und ihre Bedürfnisse stärker berücksichtigen.
   - Inhaltlich kann er sein Thema flexibel immer neu ausrichten.
   - Er erfährt oft Neues.

b) Bei quantitativen Methoden lassen sich ebenfalls viele Vorteile bestimmen, beispielsweise folgende:
   - Es werden Zahlen generiert, die kaum vom Forscher beeinflussbar sind, d. h. ein hohes Ausmaß an Objektivität liegt vor.
   - Es können Aussagen über viele Personen in kurzer Zeit getroffen werden.
   - Die Auswertung ist sehr ökonomisch.
   - Eine Vergleichbarkeit mit anderen Studien ist möglich, da kaum Interpretationsspielraum vorliegt.

Aufgabe 1.2

a) Betriebliches Gesundheitsmanagement umfasst alle Prozesse in einem Unternehmen, um das Gesundheitsverhalten von Mitarbeitern stabil zu halten und zu fördern. Einzelne Prozesse könnten sich in ergonomischen Maßnahmen zeigen (z. B. gute Anpassung der Sitzmöglichkeiten in den Büros, richtiges Schuhwerk), in Gesundheitszirkeln, in den thematisierten Belastungen (nicht nur körperlicher Art) oder in kleinen Bewegungspausen, in denen die Mitarbeiter gemeinsam aktiviert werden. Möglichen Definitionen sind hier keine Grenzen gesetzt.

b) Nehmen wir an, dass eine Fokussierung auf das Betriebsklima in den nachfolgenden fünf Fragen erfolgen soll. Das Betriebsklima ist ein wichtiger Indikator für Arbeitszufriedenheit und Zusammengehörigkeitsgefühl in Betrieben. Fragen könnten sich folgendermaßen als Aussagen formulieren lassen:
   1. „Ich kann mich auf meine Kollegen verlassen."
   2. „Ich fühle mich meinen Kollegen fachlich nicht unterlegen."
   3. „Ich kann persönliche Probleme ansprechen."
   4. „Ich erhalte konstruktives Feedback."
   5. „Ich fühle mich als Teil eines Teams."

c) Mögliche Hypothesen aus b) ließen sich exemplarisch wie folgt ableiten:
   - Die Einschätzung der Verlässlichkeit hängt mit konstruktivem Feedback zusammen.
   - Je stärker die Einschätzung der fachlichen Unterlegenheit, desto geringer das Teamgefühl.
   - Ein fachliches Kompetenzgefühl wirkt sich positiv auf die Mitteilung persönlicher Themen aus.

Aufgabe 2.1

a) Sie könnten Hochschulen als natürliche Klumpen auffassen, sich eine Liste all dieser Hochschulen anfertigen und aus der Liste zufällig Hochschulen auswählen, die Sie dann komplett befragen.

b) Sie könnten sich eine Liste aller Studierenden einer bestimmten Hochschule anfertigen und die Studierenden nach Geschlecht „männlich", „weiblich" und „divers" aufteilen. Aus diesen Schichten ziehen Sie anschließend, prozentual gewichtet nach den Auftretensquoten des Geschlechts in der Population, je eine Zufallsstichprobe. Sie befragen dann die ausgewählten Studierenden.

Aufgabe 2.2

a) Repräsentativität, theoretisches Vorwissen, Vermeidung von Verzerrungen
b) Möglichkeit mehrerer Stichprobenziehungen, Anpassung an neue Theorie, Suche nach Kontrasten
c) Stichprobengröße, Zufallsstichproben, Schätzgenauigkeit

Aufgabe 3.1

a) Fünf mögliche Fragen könnten sein: 1. Wie oft gehen Sie wöchentlich im XY-Discounter einkaufen? 2. Haben Sie schon einmal ein Produkt aufgrund mangelnder Qualität umgetauscht? 3. Was ist für Sie wichtiger: Preis oder Qualität? 4. Ich bevorzuge No-Name-Produkte. 5. Wenn ich die Wahl habe, kaufe ich ein Markenprodukt.
b) Fünf mögliche Antworten auf die obigen Fragen könnten lauten: 1. Tragen Sie den Wert handschriftlich ein. 2. ja oder nein. 3. Preis oder Qualität. 4. ja oder nein 5. stimmt oder stimmt nicht
c) Die Reihenfolge der Fragen könnte teilweise variieren. Frage 1 macht in obigem Beispiel als erste Frage Sinn, könnte aber auch als letzte Frage gestellt werden. Die Fragen 3 bis 5 könnten zu einem Themenblock zusammengefasst werden.

Aufgabe 3.2

Eine narrative Eingangsfrage könnte lauten: „Wenn Sie an Ihre Ansprüche an Lebensmittel denken: Was fällt Ihnen dann ein und warum sind diese für Sie wichtig?"

Aufgabe 4.1

a) Rauchen
b) Teilnahme an Maßnahmen des betrieblichen Gesundheitsmanagements
c) Geschlecht

Aufgabe 4.2

Ein experimentelles Design sollte durch eine Randomisierung charakterisiert sein. Wir könnten beispielhaft das erfolgreiche Studieren durch einen Fragebogen prüfen. Dabei könnten wir die Hypothese vertreten, dass Studierende, die für das Thema sensibilisiert werden, zu besseren Einschätzungen ihres Erfolgs gelangen. Hierfür wollen wir Studierende an Hochschulen untersuchen, die sich mit dem Thema „erfolgreiches Studieren“ über einen bestimmten Zeitraum auseinandersetzen und über das Thema reflektieren. Wir wählen die Studierenden zufällig aus, kommen mit ihnen in Kontakt und prüfen sie vor Beginn sowie nach Ende der Maßnahme mit unserem Fragebogen. Als Maßnahme erhalten sie ein Tagebuch, in dem sie täglich ihre Erfolge und Misserfolge eintragen sollen. Um einen Vergleich zum möglichen Effekt der Reflexion zu erhalten, richten wir zusätzlich eine Kontrollgruppe ein, die zu denselben beiden Zeitpunkten befragt, jedoch nicht mit der Tagebuchmethode konfrontiert wird. Wir teilen die Studierenden zufällig auf die beiden Gruppen auf.

Ein quasiexperimentelles Design könnte darin bestehen, dass wir eine bestimmte Hochschullehrveranstaltung aufsuchen und Studierende dieser Lehrveranstaltung (welche die Maßnahme erhalten) mit Studierenden einer anderen Lehrveranstaltung (welche die Maßnahme nicht erhalten) vergleichen. Wir könnten die Hypothese vertreten, dass manche Lehrveranstaltungen bereits einen besonderen Grad des erfolgreichen Studierens fördern, sodass wir bei dem quasiexperimentellen Design darauf achten müssen, auch alle anderen Störquellen zu berücksichtigen. Da keine zufällige Zuteilung der Studierenden auf die Gruppen erfolgt, können sich verschiedene Einflüsse negativ oder positiv auf den Reflexionseffekt auswirken.

Der Solomon-vier-Gruppen-Plan für das oben beschriebene experimentelle Design könnte wie folgt aussehen:

- Randomisierte Experimentalgruppe 1: Studierende werden vor und nach der Maßnahme mit einem Fragebogen getestet.
- Randomisierte Kontrollgruppe 1: Studierende werden äquivalent zur Experimentalgruppe 1 zu beiden Zeitpunkten getestet, ohne jedoch an der Maßnahme teilzunehmen.
- Randomisierte Experimentalgruppe 2: Studierende erhalten direkt die Maßnahme und werden anschließend getestet (keine Vorhertestung).
- Randomisierte Kontrollgruppe 2: Studierende werden äquivalent zur Experimentalgruppe 2 getestet, ohne an der Maßnahme und an einem Vortest teilzunehmen.

Aufgabe 5.1

Mögliche Variablen könnten wie folgt lauten:

a) Ich bevorzuge Supermärkte mit einem kleinen Sortiment an Lebensmitteln. (ja vs. nein)
b) Schätzen Sie bitte die Häufigkeit ein, mit der Sie monatlich einen Discounter im Vergleich zu einem Supermarkt aufsuchen. (nie, selten, gelegentlich, oft, immer)
c) Seit wie vielen Jahren kaufen Sie bewusst Bio-Lebensmittel ein? (________ Jahre)
d) Wie viel Geld geben Sie schätzungsweise an einem normalen Einkaufstag aus? (________ €)

Aufgabe 5.2

Mögliche Variablen könnten wie folgt lauten:

a) Sind Sie volljährig? (ja vs. nein)
b) Bitte geben Sie Ihr Alter an. (unter 18 Jahre, 18 bis 25 Jahre, 26 bis 35 Jahre, 36 bis 50 Jahre, ab 51 Jahre)
c) Wie alt sind Sie? ________ Jahre
d) Während bei a) nur eine Aussage über die gegebene Volljährigkeit getroffen werden kann, sind in b) bereits Abstufungen sichtbar, in denen das Alter besser differenziert wird. Der Forscher kann für ihn interessante Kategorien festlegen, die für ihn inhaltlich sinnvoll sind. Er könnte gezielt eine Alterskategorie mit einer anderen Alterskategorie vergleichen und annehmen, dass ein geringes oder ein höheres Alter andere Antworten auf nachfolgende Fragen im Fragebogen aufzeigt. Während er jedoch bei b) nicht weiß, wie alt die Personen tatsächlich sind (wo sie sich in der Kategorie genau als Zahlenwert befinden), kann er dies bei c) exakt identifizieren. Die konkreten Werte kann er nutzen, um zusätzlich z. B. einen Mittelwert zu berechnen.

Aufgabe 6.1

a) Die Eingabe in Excel sieht wie folgt aus:

	A	B	C
1	ID	Alk_Woch	Sport_Woch
2	1	2	60
3	2	0	120
4	3	2	30
5	4	8	10
6	5	2	60
7	6	0	480
8	7	1	30
9	8	2	120
10	9	0	0
11			

b) So könnte Ihr Kodeplan aussehen:

Name	Alk_Woch	Sport_Woch
Beschriftung	Wie viele Gläser Alkohol konsumieren Sie pro Woche?	Wie viele Minuten Sport treiben Sie pro Woche?
Typ	numerisch	numerisch
Fehlender Wert	keine	keine
Skalenniveau	Verhältnisskala	Verhältnisskala
Wertelabels	keine	keine

c) Bei der Alkoholvariablen stellen wir fest, dass sich die meisten Personen im unteren Segment befinden. Es gibt nur eine Person, die mit acht Stunden stark ausreißt und die Skala verzerren würde. Wir sollten daher den Wert 8 als fehlenden Wert klassifizieren. Weiterhin ist zu bedenken, dass die Abweichung zwischen den Werten 0, 1 und 2 sehr gering ist, sodass sich eine Klassierung in zwei Gruppen empfiehlt. Da ebenfalls nur eine Person den Wert 1 angegeben hat, sollten wir sie in die Gruppe der Personen, die den Wert 2 angekreuzt haben, einordnen. Durch eine solche Vorgehensweise verändern wir jedoch das Skalenniveau. Quantitative Daten sind auf Abweichungen in Antworten angewiesen. Wenn alle oder viele

Personen ein und denselben Wert genannt haben, können wir keine Analysen durchführen. Bei der Sportskala fällt uns ebenfalls ein Ausreißer (480 Minuten) auf. Auch diesen sollten wir kontrollieren.

Aufgabe 7.1

a) Die untersuchten Personen sind im Durchschnitt 26,7 Jahre alt. Wichtig ist, dass keine Ausreißer die Aussagekraft des Mittelwerts verzerren.
b) 50 Prozent der Personen haben den Wert 26 oder einen geringeren bzw. höheren Alterswert genannt.
c) Die meisten Personen sind 25 Jahre alt. 25 Jahre ist das Alter, das die höchste absolute Häufigkeit besitzt.
d) Die durchschnittliche Abweichung um den Mittelwert beträgt 2,5. Die Schwankungsbreite der Antworten reicht somit durchschnittlich von 24,2 bis 29,2 Jahre.

Aufgabe 7.2

a) Alter ist die unabhängige Variable.
b) Der Forscher möchte die Anzahl der eigenen Kinder erklären und fragt sich, ob das Alter einen Einfluss auf die Anzahl ausübt. Wäre die Kinderzahl unabhängig, würde dies bedeuten, dass Sie das Alter erklären wollen und schlussfolgern: Wenn eine Person beispielsweise zwei Kinder hat, muss sie 30 Jahre alt sein. Eine solche Schlussfolgerung macht jedoch keinen Sinn, weil selten das Alter als Grundlage erforscht wird. Man fragt sich nicht: „Was beeinflusst Ihr Alter?" Das Phänomen „Anzahl der Kinder" dagegen wird sehr viel häufiger erforscht.

Aufgabe 8.1

Eine mögliche Lösung könnte wie folgt aussehen:

Kategorie	Kodierregel	Ankerbeispiel
Gewissenhaftigkeit	bezieht alle Merkmale der Selbstkontrolle, Genauigkeit und Zielfokussierung einer Person ein, bis hin zu Perfektionismus	„Ich bin immer sehr sorgfältig im Lernen. Ich verfolge einen festen Plan. Mir ist es sehr wichtig, dass ich diesen einhalte und das Lernziel erreiche."

Aufgabe 8.2

Zunächst fragen wir beim offenen Kodieren, was in der Interviewstelle passiert und was diese repräsentiert. Wir können feststellen, dass die Person über Müdigkeit, Aufgabenbewältigung und innere Unruhe spricht. Weiterhin lacht sie, obwohl sie müde ist.

Beim axialen Kodieren fragen wir uns, welche Bedingungen zu dieser Aussage geführt haben und welche Handlungsstrategien und Konsequenzen sich erkennen lassen. Wir können schlussfolgern, dass eine Bewertung der Aufgaben zu innerer Unruhe und Müdigkeit führt, wobei wir den Reflex des Lachens auch als Ironie auffassen könnten.

Wir entscheiden uns beim selektiven Kodieren für die Kernkategorie „Aufgabenbewältigung" und fassen in diese die Kategorie „körperliche Symptome" (Unruhe und Müdigkeit). Wir entwickeln noch eine zweite Kategorie, die „inkongruente Angaben" erfasst, da sich Müdigkeit und innere Unruhe eigentlich ausschließen. Auch ein „widersprüchliches Verhalten" könnten wir als Kategorie aufsetzen. Die Person lacht, obwohl sie müde ist. Die Kategorien sind für uns nicht gesättigt. Wir müssten weitere Textstellen analysieren, um zu einem Gesamtbild dieser Person zu gelangen, und sie dann für einen Vergleich mit anderen Personen heranziehen.

Aufgabe 9.1

- Objektivität: Wir können eine hohe Objektivität annehmen, wenn es sich um einen gut strukturierten Fragebogen mit Instruktionen handelt. Der Forscher müsste sich in der Befragungssituation so neutral wie möglich verhalten und kann sich Standardinstruktionen für die Begrüßung und eventuelle Nachfragen der Befragten überlegen. Da der Fragebogen anschließend mit einem Kodeplan und geeigneten statistischen Verfahren ausgewertet wird und der Forscher Kenntnis über die Interpretation dieser Verfahren hat, ist die Studie objektiv.
- Reliabilität: Wir können eine hohe Reliabilität annehmen, da wir davon ausgehen, dass sich die Einschätzung des „erfolgreichen Studierens" bei unseren Befragten nicht von heute auf morgen ändern wird. Fragen in inhaltlich geteilten Bereichen des Fragebogens müssten daher einheitlich beantwortet werden.

- Validität: Wir können eine hohe Validität annehmen, wenn der Forscher das Konstrukt „erfolgreiches Studieren" sehr gut aus der Literatur abgeleitet und durch Pretests an Studierenden getestet hat. Durch Vergleiche mit unähnlichen Skalen (z. B. Skala Misserfolg) müssten sich geringe Zusammenhänge, durch Vergleiche mit ähnlichen Skalen (z. B. Erfolge bei der Arbeit) müssten sich hohe Zusammenhänge ergeben.

Aufgabe 9.2

a) Der α-Fehler ist die Wahrscheinlichkeit, die Nullhypothese (Arbeitszufriedenheit und Krankenstand sind unabhängig) zu verwerfen und einen Zusammenhang anzunehmen, obwohl dieser in der Population nicht zutrifft. Das würde bedeuten: Wir akzeptieren die H1, obwohl H0 zutreffend gewesen wäre, und würden fälschlicherweise eine statistische Signifikanz annehmen.
b) Der ß-Fehler ist die Wahrscheinlichkeit, die Nullhypothese anzunehmen, obwohl in der Population ein Zusammenhang vorliegt. Wir könnten also nicht aufdecken, dass der Krankenstand und die Arbeitszufriedenheit zusammenhängen, sondern würden von einer Unabhängigkeit dieser beiden Variablen ausgehen.

Glossar

α-Fehler	Begriff aus der Inferenzstatistik; Fehlerwahrscheinlichkeit, die Alternativhypothese zu akzeptieren, obwohl die Nullhypothese in der Population gültig ist
Alternativhypothese	Hypothese, die von einem Zusammenhang, Unterschied oder einer Veränderung ausgeht
argumentative Interpretationssicherung	Gütekriterium der qualitativen Forschung: Interpretationen müssen mit Argumenten nachvollziehbar sein.
ß-Fehler	Begriff aus der Inferenzstatistik; Fehlerwahrscheinlichkeit, die Nullhypothese zu akzeptieren, obwohl die Alternativhypothese in der Population gültig ist
Deduktion	Schluss vom Allgemeinen auf das Besondere
Dilemma von Nähe und Distanz	Fehler in der qualitativen Forschung: Der Forscher kann die Nähe und Distanz zur Untersuchungsperson nicht perfekt ausbalancieren.
doppelblind	Forscher und Untersuchungspersonen wissen nicht, welcher Gruppe sie zugeordnet wurden.
eindimensionale Verteilungen	statistische Analyseverfahren, die nur eine Variable untersuchen
Experiment	Untersuchungsdesign, in dem eine unabhängige Variable manipuliert wird; ein Experiment ist randomisiert und auch wiederholbar
externe Validität	Ausmaß der Generalisierbarkeit auf andere Situationen und Zeitpunkte
Falsifikation	Widerlegen eines Sachverhalts
Gelegenheitsstichprobe	nicht probabilistische Stichprobenziehung; Teilnehmer werden ad hoc rekrutiert
gerichtete Alternativhypothese	Hypothese, die einen Zusammenhang, Unterschied oder eine Veränderung in eine Richtung (positiv oder negativ) annimmt
geschichtete Stichprobe	Aus den Schichten einer Population werden zufällig Teilnehmer ausgewählt.
Gesetz der großen Zahlen	Je mehr Objekte untersucht werden, desto eher entspricht die Untersuchung der wahren Verteilung in der Population.

Grounded Theory	wissenschaftliche Ausrichtung in der qualitativen Forschung, die nach bestimmten Regeln eine Theorie neu begründet
Hawthorne-Effekt	Verhaltensfehler, die auftreten, wenn Untersuchungspersonen wissen, dass sie Teil einer Studie sind
Ideografie	Begriff, der die qualitative Forschung charakterisiert; beschreibt das Individuum
Induktion	Schluss vom Besonderen auf das Allgemeine
Inferenzstatistik	Teilgebiet der Statistik, das Aussagen über die Population auf Basis von Stichproben trifft
interne Validität	Ausmaß der Messung der unabhängigen Variablen auf die abhängige Variable
Intervallskala	Skalenniveau, mit dem Differenzen inhaltlich verglichen werden können
Klumpenstichprobe	Die Population liegt in natürlichen Klumpen vor. Die Klumpen werden zufällig ausgewählt und anschließend wird ein Klumpen vollständig untersucht.
Kodeplan	systematischer Plan über Nummerierung, Beschriftung, Skalenniveaus und fehlende Werte in der quantitativen Forschung
kommunikative Validität	Gütekriterium der qualitativen Forschung: Die Ergebnisse und Interpretationen werden mit Dritten auf Plausibilität geprüft.
Leitfadeninterview	Interview, das mit einem Leitfaden arbeitet
Median	Statistik, die eine Angabe über das Zentrum bei mindestens ordinalskalierten Variablen macht; Wert, bei dem 50 % der Verteilungsfläche erreicht ist
mehrstufige Stichprobe	Mehrere Zufallsstichproben werden hintereinander durchgeführt.
Modus	Statistik, die den Wert angibt, der am häufigsten von den Teilnehmern genannt wurde
narratives Interview	unstrukturiertes Interview, das die Interviewten zu besonders langen Erzählungen anregen möchte
nicht teilnehmende Beobachtung	Beobachtung, in der der Forscher außerhalb des Geschehens beobachtet
Nominalskala	Skalenniveau, bei dem nur Klassen bzw. Kategorien verglichen werden können

nomothetisch	Begriff, der die quantitative Forschung charakterisiert; bezieht sich auf gesetzesartige Aussagen
Nullhypothese	Hypothese, die von keinen Zusammenhängen, Unterschieden oder Veränderungen ausgeht
Objektivität	Vorgehen, das möglichst unabhängig von Person, Ort, Zeit und Situation ist; wird in die Unterarten Durchführungs-, Auswertungs- und Interpretationsobjektivität unterteilt
Operationalisierung	Messbarmachung von Inhalten
Ordinalskala	Skalenniveau, bei dem eine Reihenfolge interpretiert werden kann
Population	Masse von Objekten, über die Aussagen getroffen werden sollen, ohne alle Objekte untersuchen zu müssen
Pretest	Probedurchlauf vor Durchführung der eigentlichen Studie, um Fehler vorab zu identifizieren und Routine in die Durchführung zu bringen
qualitative Forschung	Forschungsrichtung, die überwiegend verbale und visuelle Daten an wenigen Personen erhebt und bei welcher die Forschungshaltung offen geprägt ist, um zu neuen Erkenntnissen zu gelangen, die eine Theorie begründen
qualitative Inhaltsanalyse	Auswertungsverfahren der qualitativen Forschung mit systematischen Regeln
quantitative Forschung	Forschungsrichtung, die überwiegend Fragebögen und Tests nutzt, um auf Basis von vielen Personen numerische Werte zu berechnen
Quasiexperiment	experimentelles Design, in dem natürliche Gruppen vorliegen und keine Randomisierung erfolgen kann
Quotenstichprobe	Auswahl der Teilnehmer nach festgelegten Quoten, ohne einer probabilistischen Auswahl zu folgen
Randomisierung	zufällige Zuteilung der Untersuchungspersonen auf eine Experimental- und eine Kontrollgruppe
Reliabilität	Gütekriterium der quantitativen Forschung; misst Zuverlässigkeit, Genauigkeit und Stabilität von Studien; wird in die Bereiche Retest-, Paralleltest-, Testhalbierungsreliabilität und interne Konsistenz eingeteilt
Repräsentativität	Die Stichprobe spiegelt das Abbild in der Population wider. In der quantitativen Forschung bedeutet das eine probabilistische Stichprobenziehung.

Signifikanz	Die Alternativhypothese wird angenommen und man geht von einem Unterschied, einem Zusammenhang oder einer Veränderung aus.
Signifikanztest	Familie von Verfahren aus der Inferenzstatistik, die eine Logik für das Hypothesentesten aufstellt
strukturiertes Interview	mündliches Interview, das Fragen und Antwortmöglichkeiten vorgibt
systematische Dokumentation	Gütekriterium der qualitativen Forschung: Das Forschungsvorgehen muss stets protokolliert werden.
teilnehmende Beobachtung	Beobachtung, in der der Forscher aktiv am Geschehen teilnimmt
Theoretical Sampling	qualitative Stichprobenziehung, die so viele Fälle untersucht, bis eine theoretische Sättigung eintritt
Triangulation	Gütekriterium der qualitativen Forschung; meint eine Anwendung von mehreren qualitativen Verfahren oder eine Kombination mit quantitativen Verfahren
ungerichtete Alternativhypothese	Hypothese, die von Zusammenhängen, Unterschieden oder Veränderungen ausgeht, die sowohl positiv als auch negativ sein können
Validität	Gütekriterium der qualitativen und quantitativen Forschung; Ausmaß der Messung des theoretischen Inhalts, den der Forscher zu messen erhofft
verdeckte Beobachtung	Beobachtung, bei der die Teilnehmenden nicht wissen, dass sie beobachtet werden
Verhältnisskala	Skalenniveau, bei dem Aussagen über Verhältnisse auf Basis eines absoluten natürlichen Nullpunkts getroffen werden können
zentraler Grenzwertsatz	Die Summe vieler unabhängiger, identisch verteilter Zufallsvariablen ist normalverteilt.
Zufallsstichprobe	Teilnehmende werden zufällig ausgewählt. Dies wird auch probabilistische Stichprobe oder einfache Zufallsstichprobe genannt.

Literaturverzeichnis

Döring, N.; Bortz, J. (2016). *Forschungsmethoden und Evaluation.* 5. aktual., vollst. überarb. Auflage. Berlin: Springer.

Glaser, B. G.; Strauss A. L. (1967). *The discovery of grounded theory.* Chicago: Aldine.

Kuckartz, U. (2014). *Mixed Methods. Methodologie, Forschungsdesigns und Analyseverfahren.* Wiesbaden: Springer.

Lüdders, L. (2017). *Qualitative Methoden und Methodenmix. Ein Handbuch für Studium und Berufspraxis.* Bremen: Apollon University Press.

Lüdders, L. (2016). *Fragebogen- und Leitfadenkonstruktion. Ein Handbuch für Studium und Berufspraxis.* Bremen: Apollon University Press.

Mayring, P. (1989). *Qualitative Inhaltsanalyse.* In: Jütterer, G. (Hrsg.): Qualitative Forschung in der Psychologie. Heidelberg: Asanger, S. 187–211.

Merton, R. K.; Kendall, P. L. (1979). *Das fokussierte Interview.* In: Hopf, C.; Weingarten, E. (Hrsg.): Qualitative Sozialforschung. Stuttgart: Klett Cotta, S. 171–204.

Meuser, M; Nagel, U. (1991). *Experteninterviews – vielfach erprobt, wenig bedacht: Ein Beitrag zur qualitativen Methodendiskussion.* In: Garz, D.; Kraimer, K. (Hrsg.): Qualitativ-empirische Sozialforschung: Konzepte, Methoden, Analysen. Opladen: Westdeutscher Verlag, S. 441–471.

Schütze, F. (1983). *Biographieforschung und narratives Interview.* Neue Praxis, 1–3 (3), S. 283–293.

Solomon, R. L. (1949). *An extension of control group design.* Psychological Bulletin, 46, S. 137–150.

Squire, P. (1988). *Why the Literary Digest Poll Failed.* The Public Opinion Quarterly, 52 (1), S. 125–133.

Witzel, A. (1982). *Verfahren der qualitativen Sozialforschung. Überblick und Alternativen.* Frankfurt: Campus.

Abbildungsverzeichnis

Tabellenverzeichnis

Sachwortverzeichnis

Über die Autoren

Dr. Lisa Lüdders ist für Lehre und Studium an der Universität Bremen verantwortlich und dort seit 2008 Dozentin für Statistik und psychologische Methodenlehre. Insbesondere die Integration von Forschung in das rechtswissenschaftliche Studium ist ihr wichtig. 2012 promovierte sie über die Folgen und die Bewältigung sexueller Gewalterfahrungen von Mädchen und Jungen. Für ihre Forschungsarbeit und ihre Lehre im Modul Statistik wurde sie 2013 ausgezeichnet. Seit 2015 ist Frau Lüdders freiberufliche Modulverantwortliche und Autorin für quantitative und qualitative Forschungsmethoden an der APOLLON Hochschule der Gesundheitswirtschaft.

Dr. med. Hajo Zeeb ist Professor für Epidemiologie an der Universität Bremen und Abteilungsleiter am Leibniz-Institut für Präventionsforschung und Epidemiologie – BIPS GmbH in Bremen. Seine Forschungsschwerpunkte liegen in der Sozial- und Umweltepidemiologie sowie der Präventionsforschung. Er ist an vielen nationalen und internationalen Forschungsprojekten z. T. in leitender Funktion beteiligt und lehrt im Fach Epidemiologie an der Universität Bremen. Seit 2010 ist er neben seinen Hauptaufgaben auch Studienleiter an der APOLLON Hochschule der Gesundheitswirtschaft.